貞名相房玄齡

策劃玄武門之變、
編撰《晉書》、
諫伐高句麗……
一場場智慧與武力的較量
助太宗開創不朽盛世

U0068307

淄博 or 濟南？房玄齡的籍貫爭議，嚴謹數據詳細考證！
唐高祖晚年暗流湧動，太宗弒殺手足的真相竟是……
大唐名臣可別只知道魏徵，房玄齡才真正能呼風喚雨？

房道國 —— 著

隋末天下大亂，他卻早早選定了明主投靠

一舉成為天可汗親信！

目錄

目錄 ━━━━━━━━━━━━━━━━━━━━━━━

第一章
少年英才出齊州

第一章　少年英才出齊州

　　中華民族具有五千多年的悠久歷史，在歷史的長河中，湧現出許多偉大的政治家、軍事家、文學家、藝術家……他們對中華文明的形成和融合、人類社會的發展和繁榮，均產生過重要影響，從濟南走出的大唐名相房玄齡就是其中的一位。

第一節　房玄齡籍貫考證

　　在本書開篇之際，首先要釐清房玄齡的籍貫問題。就史學界而言，對於房玄齡，已有一些學者研究，由於篇幅所限，在此不贅述。筆者早就對史書中房玄齡的籍貫記載懷有疑問，不過如果想對大唐名相房玄齡進行深入研究，就必須透過考古資料並結合相關的歷史文獻，對房玄齡的籍貫進行嚴謹的考證，進而說明房玄齡的籍貫不是今天的淄博臨淄區，而是濟南歷城區。

　　房玄齡（西元五七九至六四八年），名喬，字玄齡（一說名玄齡，字喬）。房玄齡博覽經史，工書善文，十八歲時本州舉進士，先後授羽騎尉、隰城尉。隋末大亂，李淵率兵入關，玄齡於渭北投李世民，屢從秦王出征，參謀劃策，典管書記，任秦王府記室。每平定一地，別人爭著求取珍玩，他卻首先為秦王幕府收羅人才。他和杜如晦是秦王最得力的謀士。唐武德九年（西元六二六年），他參與玄武門之變

的策劃，與杜如晦、長孫無
忌、尉遲敬德（尉遲恭，字敬
德）、侯君集五人並功第一。
唐太宗李世民即位，玄齡為中
書令。貞觀三年（西元六二九
年）二月為尚書左僕射，監
修國史。貞觀十一年（西元
六三七年）封梁國公，與杜如
晦、魏徵等同為太宗的重要
助手。至貞觀十六年（西元
六四二年）七月，房玄齡進位

房玄齡像

司空，仍總理朝政。貞觀二十二年（西元六四八年），房玄
齡病逝（後有詳述，此略）。

　　房彥謙（西元五四七至六一五年），字孝沖，房玄齡之
父。他通涉五經，工草隸，歷任北齊齊州主簿，隋監察御
史、長葛令、都州司馬、司隸刺史、涇陽令等職。他為官
勤勉廉正，隋文帝時考察地方官吏，推其為「天下第一能
吏」。父以子貴，唐時他被追贈為徐州都督、臨淄公，謚曰
「定」。

　　下面我們以考古資料並結合相關的歷史文獻，對房玄齡
的籍貫進行初步的考證。

第一章　少年英才出齊州

（一）房玄齡籍貫臨淄說的由來

　　房玄齡籍貫臨淄說最早的記載為《舊唐書·房玄齡傳》和《新唐書·房玄齡傳》。《新唐書·房玄齡傳》云：「房玄齡，字喬，齊州臨淄人（今山東淄博東北）。」該史書因是清代官方欽定的具有至高權威的「二十四史」之一，因此，房玄齡籍貫「臨淄說」，也就為人所廣泛採用。

（二）房玄齡家族譜系

　　關於房玄齡的家族譜系，在李百藥為房彥謙所作的墓誌銘中曾有這樣的記述：

　　公諱彥謙，字孝沖，清河人也。七世祖諶，燕太尉掾，隨慕容氏南度寓於齊土。……漢司空植公之十三世祖也。……高祖法壽，宋大明中，州主簿、武賁中郎將、魏郡太守。立功歸魏，封莊武侯，使持節龍驤將軍、東冀州刺史。……曾祖伯祖，州主簿，襲爵莊武侯，齊郡內史、幽州長史，仍行州事。……祖翼，年十六，郡辟功曹，州辟主簿，襲爵莊武伯，宋安太守。……父伯熊，年廿辟開府行參軍，仍行本州清河、廣川二郡太守……

　　這與《隋書·房彥謙傳》的記載是一致的。房彥謙的七世祖為房諶，在後燕擔任太尉掾，隨著慕容德南遷青州。高祖為房法壽，魏時曾擔任青、冀二州刺史。曾祖為房伯祖。

祖父為房翼，曾為莊武伯、鎮遠將軍、宋安太守。父親為房伯熊，曾任清河內史。

根據房彥謙墓誌銘和《晉書》、《北史》、《魏書》、《隋書》、《新唐書》、《舊唐書》以及其他歷史文獻記載，我們以房玄齡為基準，將其家世譜系整理如下：

房氏家世譜系

房植（十四世祖）

……（十三世祖至九世祖）

房諶（八世祖）

房裕（七世祖）

□（六世祖）

□（五世祖）

房法壽（四世祖）

房伯祖（三世祖）

房翼（二世祖）

房熊（一世祖）　房豹　房子貞

房彥謙（父）　房彥詢　房彥詡

房玄齡

房遺直（子）　房遺愛（子）　房遺則（子）

房植，據《後漢書》卷六十七〈黨錮列傳〉載：「初，桓帝為蠡吾侯，受學於甘陵周福，及即帝位，擢福為尚書。

時同郡河南尹房植有名當朝，鄉人為之謠曰：『天下規矩房伯武，因師獲印周仲進。』二家賓客，互相譏揣，遂各樹朋黨，漸成尤隙，由是甘陵有南北部，黨人之議，自此始矣。」碑文此處有缺文，原為「□□□植，公之十三世祖也」。根據《後漢書》的這段記載，所缺之文應為「河南尹」三字。東漢桓帝即位後改年號為「建和」，建和元年即西元一四七年，距房彥謙七世祖房諶生活的年代一百五十多年，其間相隔五世。但《新唐書·宰相世系表一下》說：「植八代孫諶，隨慕容德南遷，因居濟南。」誰說的是真的，我們暫不下結論。上面我們所列房氏世系，是依墓誌所說的五世之說。

（三）從文獻記載和考古資料兩方面加以考證

房彥謙墓位於濟南市歷城區的趙山之陽，墓大致為圓形，現高約五公尺，直徑十五公尺。墓前矗立著唐代著名書法家歐陽詢書丹的《房彥謙碑》一幢。唐貞觀五年（西元六三一年），房玄齡奉父親靈柩葬於故鄉齊州趙山之陽，由太子右庶子、有「一代文宗」之譽的李百藥撰寫碑文，太子率更令、弘文館學士歐陽詢書丹，刻石立於墓前。墓地尚有唐刻石虎、石羊各一，另有清同治年間章丘知縣蔣慶第記事碑一幢。

濟南歷城區房彥謙墓省級文物保護標示

　　〈房彥謙碑〉，全稱為〈唐故都督徐州五州諸軍事徐州刺史臨淄定公房公碑銘並序〉，又稱〈徐州都督房彥謙碑〉。碑高三公尺、寬一點三公尺、厚零點四公尺，由碑首、碑身、碑趺三部分組成，形制華美而莊穆。因年代久遠，碑趺現已沉於地下，不復得見。碑首和碑身用一整塊巨石雕成，碑首為拱形頂，兩側各有三條螭龍盤繞，碑額為篆書，題「唐故徐州都督房公碑」九字，正文為隸書（兼有楷體）。碑陽三十六行，行七十八字；碑陰十五行，行十三字。碑側三行，前兩行，行十二字；後一行九字。〈房彥謙碑〉全文，清代纂修的《全唐文》中有載。

房彥謙碑拓片（濟南博物館藏）　　　　〈房彥謙碑〉（局部）

　　關於此碑的記載，最早見於宋人趙明誠《金石錄》：「右
〈唐房彥謙碑〉。彥謙，玄齡父也，在隋任司隸刺史，出為
涇陽縣令，卒官，不大顯，而《隋書》立傳二千餘字者，蓋
修史時玄齡方為宰相故也。……碑，李百藥撰，歐陽詢八分
書，在今齊州章丘縣界中，世頗罕傳。」

　　據《章丘縣誌卷十四·金石錄》記載：右碑，螭首龜
趺，碑高一丈一尺一寸四分，廣五尺三寸，共三十六行隸
書。碑陰亦隸書，共十五行。額篆：唐徐州都督房公碑。字

徑三寸五分，不詳篆者姓名。左署唐故都督徐州五州諸軍事徐州刺史臨淄定房公碑銘並序，碑右側署太子左庶子安平男李百藥撰太子率更令渤海男歐陽詢書，末書貞觀五年三月二日樹。

另外，顧炎武《金石文字記》、李光映《觀妙齋金石文考略》、錢大昕《潛研堂金石文跋尾》、阮元《山左金石志》、陸增祥《八瓊室金石補正》、方若《校碑隨筆》等文獻均有相似記載。

同時，在濟南歷城區牛王莊，也出土了房彥謙的二兄房彥詡及彥詡子房夷吾的墓誌，唐貞觀五年（西元六三一年）刊，一九七七年出土於濟南房彥詡墓中。房彥詡墓為二次遷葬墓，考古人員發現時，墓葬已被破壞到墓底，隨葬器物僅見陶片而已。出土墓誌兩盒，均為青石質，有蓋，盝頂形。房彥詡墓誌刻篆書陽文「齊故千乘縣令房君銘」，志蓋長六十四公分，寬六十公分；盝頂長四十七公分，寬四十公分。志文隸楷書，三十行，行三十字。誌文如下：

君諱彥詡字孝和，清河人。帝堯之裔，漢司空植十三世孫。大聖膺期，慶流千□，高門積祉，道光百世。高祖法壽，宋武賁中郎將，立功歸魏，青冀二州刺史，壯武侯。公將去國，發神氣於牛升；貞乾充庭，振奇聲於韶漢。祖翼，襲爵壯武伯，鎮遠將軍，宋安太守。名以鼓風俗，德以光縉紳。

第一章　少年英才出齊州

敬刑齊禮，安仁和義。父伯熊，清河內史。溫柔行物，恭儉
屬身，衣錦本幫，大弘聲績出後。叔父，樂陵府君，氣調密
爽，神儀魁傑，朝野望實，標緻甚高。君英靈降祉，圭璋表
潤，少遊庠序，涉歷群言。起儒席之膏肓，通玄門之關鍵。
雖隱曜含先，聲實潛暢，棲神毓德，徽猷藉甚。州將闢為主
簿，委以州事。三齊殷阜，一方都會。君外持公正，內撫鄉情。
剖斷諧其寬猛，言行盡其忠信。邦國不空，時譽俄遠。釋褐
儀同開府行參軍，尋除殿中侍御史。方直之操，以法措枉；
仁恕之道，□己及物。是故柔而不撓，嚴而不殘，獨步憲臺，
斯人而已。改授青州法曹參軍，行益都縣事，尋除千乘縣令。
以禮訓俗，以德止刑，期月之間，仁聲載路。雖魯恭之宰中
年，子賤之治單父，自我觀之，彼多慚色。既而齊祚雲終，
情切朝市，稱疾言歸，不應時命。齊倚伏於一指，遊語默於
六虛，居常待終，蕭然自得。隋開皇十年三月九日卒於歷下，
春秋卅九。以貞觀五年歲次辛卯三月庚申朔十三日壬申，葬
於歷城之東原。唯君幼若成人，早遊名□，俊才與神姿並秀，
雅道共天性相符。禮義入周孔之門，清虛存黃老之術。敬□
之極，色養無方。□頓之至，情痛斯盡。

大唐使持節徐州都督臨淄定公，君之第六弟也。昆季七
人，花萼四照，華陽五鳳，荀氏八龍，物議時談，弗之尚也。
家富於□，性好周急，千里之客，倉廩每虛。一面之交，車
馬同敝。及還遊故里，畢散余金。遠嘯長吟，葉歸田之致，

荒塗幽迳，會招隱之心。每為濠上之遊，自得業中之趣。夫人範陽盧氏，魏司空道虔之孫，齊齊安君守昌裕之女。出自鼎門，來儀貴族，義光嬪則，道映女師，飾曹大家之麟藻，循梁高行之名節。非唯賓敬之美，亦盡行樂之歡。仰偕老而騫期，遂宛頸以長畢。以大業十三年八月廿八日卒於山荏縣。春秋六十七。有子玄瞻，性履中和，克隆丕緒，爰逮此辰，遷神同穴，銜哀賜托。乃述銘云：

赫矣昌原，丹陵風雨，美哉崇構，司空規矩，誰其嗣□，於唯壯武，重光世屬，德星攸聚，載誕俊民，膺斯餘慶，進德弘道，居中履正，聞□立言，悅禮基性，風尚高朗，德音韶令，羽儀漸陸，玉質金聲，屆道從政，訟息刑清，慷慨秦室，惆悵周京，一辭華冕，詎濯塵纓，嘯傲閭里，徘徊林麓，宛宛閒居，申申鄉族，內饋雲生，中闈以睦，方極夜遊，俄觀晝哭，神庭寂寂，永夕漫漫，太行非險，泉路斯難，松□同暗，風月俱寒，芳猷自遠，幽隧徒刊。

從房彥詡墓誌中，我們可以得到兩個訊息：一是房彥詡有「昆季七人」，房彥謙是「君之第六弟也」；二是房彥詡於「隋開皇十年（西元五九〇年）三月九日卒於歷下（今濟南市歷下區）」，貞觀五年（西元六三一年）葬於歷城東原（今濟南市歷城區牛王莊附近）。

房彥詡墓誌銘

　　房彥詡的兒子房夷吾的墓誌上刻篆書陽文「大唐故處士
房君之銘」九字，誌石邊長五十七公分，誌文隸書，二十四
行，行二十四字。房夷吾墓與其父母墓均為二次遷葬。
誌曰：

　　君諱夷吾，字□□，清河人也。稽古冠於虞書，分茅啟
於周服。泉原自遠，歷砥柱而漣漪；根□唯深，交鄧林而虇暐。
故難得而詳矣！十四世祖植，漢司空公，職思邦事，位履泰
階，功贊前王，慶流後葉。曾祖翼，宋安太守，襲封壯武伯。
祖豹，樂陵太守。父彥詡，州主薄、千乘縣令。皆以允茲文武，

成其業行，世憑華軾，還繼鳴琴。君以齠齔之年，早聞令譽；章甫之際，遂播奇聲。居三省而持身，游六藝而娛志。雖復垂帷閉戶，未足比其精勤，四字五行，詎可方其覽識。又以家世能官，宗多循吏。數聞疑讞，嘗經繕寫，是以心閑法令，手善書刀。才稱庠序之庭，聲冠人倫之表。有隋之世，天下傑昌，八道屢行，九皋斯聽。皆欲編名異等，樂奏嘉賓。終以親在期年，固求膝下，而入盡孝第。出接州閭，見顏色而知溫，瞻衣冠而可畏。昔許邵在邑，行旅為之修容；王烈居鄉，狂夫為之改行。方之於君，□多慚矣！而天不與善，壽靡常期，春秋卅有七，以大業十三年八月十日卒於家，嗚呼哀哉。至於大唐受圖，下武陟位，家門葉慶，臺衰時升。粵以貞觀五年，歲次辛卯，三月庚申。朔十三日壬申，爰具禮物，遷窆於千乘君墓次。式鑴行狀，同瘞泉宮，而作銘曰：

系自陶唐，分茅在房。周承王幾，漢佩金章。盤槐本固，積石流長。義均不朽，時唯克昌。有斐先賢，如圭弈世。□生之子，高□是繼。性稟清逸，心游文藝。茂等松筠，芳猶蘭蕙。迪其言行，紫□絲繪。深謀晦已，居家事親。閨庭載肅，鄉黨推仁。顧茲風樹，無由問津。子晉聲嘶，顏回發白。雖經攝養，詎申丹液。日末高春，奄同過隙。既乖□語，遂成疇昔。我有常□，進處甘棠。遷乎幽魄，宅此高□，□苔布紫，龍菊舒黃。於嗟銘石，寧期日光。

第一章　少年英才出齊州

　　房彥謙墓和房彥詡墓的發現，充分表明房氏家族與濟南的淵源，他們至少在隋開皇十年已定居於濟南了。《隋書·地理志》載：「歷城，舊置濟南郡，開皇初廢，大業初置齊郡。」另外，在唐段成式所著的《酉陽雜俎》中，記載了一些有關北朝時期濟南區域的情況：「歷城房家園，齊博陵君（房）豹之山池。其中雜樹森竦，泉石崇邃，歷中祓禊之勝也。」從中可窺見北齊時預售屋豹家園的豪華。

濟南歷城區房彥謙墓（局部）

（四）初步結論

因此，關於房玄齡的籍貫，「齊州臨淄說」應為一種誤解。這是因為，唐代州郡互稱，故「齊州臨淄」即為「齊州臨淄郡」的略稱。唐時，齊州曾一度改為臨淄郡，《新唐書·地理志》載：「齊州濟南郡，上本齊郡，天寶元年更名臨淄，五載又更名。」（筆者按：改稱臨淄郡之事，或在唐初，當早於天寶元年）另，《文獻通考·輿地三》也載：「（隋）煬帝初置齊州，唐復為齊州，或為臨淄郡，復改為濟南郡。」由此可見，所謂「齊州臨淄」，即指齊州濟南郡，亦即今之濟南市。而臨淄縣在唐代為青州北海郡之屬縣，從未歸屬過齊州。

「籍貫」一詞的解釋有兩種：一是祖父出生地；二是本人出生地。房彥謙碑的記載和房彥詡、房夷吾墓誌銘，是當時人刻的，均說明房玄齡的籍貫應在濟南歷城區；史書是後人撰寫的，難免有誤。

第二節　齊州房氏

根據考古和文獻資料相互印證，房姓起源於河南遂平。堯舜時期，舜封堯的兒子丹朱於房地，丹朱之子陵則以國為姓，故而成為房氏一族的始祖。

第一章　少年英才出齊州

西漢時，房陵的第四十八代孫房雅成為當時清河郡（即現在的山東與河北交界處附近）的太守，並且在此定居下來。自房雅定居東武城後，房氏在清河武城生存發展起來。十六國時期，房氏人才輩出，事功顯著，日益壯大，經歷了近四百年的發展，逐步形成房氏顯赫的清河郡望。自此之後，清河房氏成為當地的名門望族。後來，隨著風雲變幻和時代變遷，房氏後裔散播四方，然有事功者多數都與清河房氏有淵源，所以清河郡望成為後世房氏族裔共有的驕傲，乃有「天下房氏，望出清河」的美談，並作為醒語族訓標示世人，故有「天下房氏，無不出於清河」的讚譽。

齊州房氏，始自房彥謙七世祖房諶，與《北史》記載略同。

在房諶抵達濟南的時候，濟南既是陸上交通要道，又是漕運要道，經濟繁榮，文化發達，在地域基礎方面與清河郡具有相似性，且各項條件比清河郡更為優越，既有儒家文化的底蘊，又兼開拓進取的精神。

房諶在齊州定居後，任廣平郡守，居住於濟南歷城，並將與他一起南渡黃河的房氏宗黨鄉人安置在離歷城不遠的趙山之陽。

房諶自清河南遷齊州，造就了齊州房氏的輝煌，代有文臣武將，名震一方。限於篇幅，僅就房玄齡支系上推數代，列舉如下。

- **房諶**：齊州房氏始祖。十六國時在後燕擔任太尉掾，後燕君主慕容寶奔返龍城時，房諶洞察世情，選擇投奔南燕君主慕容德，遷居山東濟南。史稱房氏在齊州（濟南）「家有舊業，資產素殷」，齊州房氏豪強勢力自此逐步形成。

- **房法壽**：房諶的玄孫。喜歡射獵，勇敢果決，二十歲時做了州主簿，後來因為母親年老，不再承應州郡的差遣。他經常偷殺豬、牛以供養母親，還召集壯士，常常有數以百計的人跟著他。

劉宋泰始元年（西元四六五年），湘東王劉彧殺劉宋前廢帝劉子業自立，劉彧即宋明帝。泰始二年（西元四六六年），宋明帝劉彧與晉安王劉子勛（劉子業之弟）為爭奪劉宋帝位而展開了一場大戰。冀州刺史崔道固等起兵擁護劉子勛，房法壽與清河太守王玄邈一同起兵，合力討伐崔道固，被王玄邈委派為司馬，屢次打敗崔道固的軍隊。崔軍十分懼怕房法壽的領兵謀略，法壽由此聲威大震，因功被任命為綏邊將軍、魏郡太守。劉子勛死後，崔道固先降北魏，後又在劉彧勸誘下叛魏歸宋，仍然任冀州刺史，房法壽成為其屬下。崔道固對他嚴加苛責，法壽因此遲遲不肯到魏郡上任。

劉宋王朝骨肉相殘的這場內戰，使北魏有了可乘之機。北魏獻文帝皇興元年（南朝宋明帝泰始三年，西元四六七

第一章　少年英才出齊州

年），北魏大將慕容白曜率兵攻打劉宋青、冀等州。房法壽的從堂弟房崇吉在升城鎮守，母親和妻子都被慕容白曜俘獲。崇吉逃到法壽處，請法壽想辦法解救。法壽既怨恨道固的逼迫，又同情崇吉，便與崇吉起兵反叛劉宋，接著向慕容白曜投誠，以贖取崇吉的母親和妻子。崔道固派遣軍隊圍攻盤陽，法壽等據險堅守了二十多日。慕容白曜派遣將軍長孫觀趕赴盤陽，送還了崇吉的母親和妻子，這時崔道固的軍隊才逃散。長孫觀軍隊入城後，北魏獻文帝下詔任命房法壽為平遠將軍，與韓騏驎同為冀州刺史。為安撫新占地區的民心，獻文帝又下詔任命房法壽堂弟房靈民為清河太守，房思順為濟南太守，房靈悅為平原太守，房伯憐為廣川太守，房叔玉為高陽太守，叔玉兄房伯玉為河間太守，伯玉堂弟房思安為樂陵太守，思安弟房幼安為高密太守，房氏家族八人同時受封，名震一方。

慕容白曜攻下歷城（冀州僑治）、梁鄒後，房法壽、房崇吉等與崔道固一造成了北魏的京城平城。朝廷把法壽列為上客，因功賜法壽爵位壯武侯，加授平遠將軍，賜田地、房宅、奴婢等；把崇吉列為次客；把崔道固等人列為下客。法壽喜歡施捨，恩澤北朝，著名武將畢眾敬等都十分看重他的仁愛情懷。

房法壽於北魏太和年間（西元四七七至四九九年）病

逝，被追贈為平東將軍、青州刺史，謚號「敬侯」。房法壽有三子較為知名，即伯祖、叔祖、幼愍。房伯祖：法壽長子，承襲壯武侯的爵位，依慣例降為伯爵，任齊郡內史。房叔祖：法壽二子，因功賜爵，歷任廣陵王國郎中令、長廣東萊二郡太守、龍驤將軍、中散大夫。永安年間，擔任安東將軍、郢州刺史。房幼愍：法壽三子，曾任安豐、新蔡二郡太守。

另外，房法壽的堂姪房景伯、房景先、房景遠，也是北魏時期的著名人物。當時，房氏家族雖以軍功而恢復貴族身分，但後來的發展卻更偏重於文化事業，重視對子弟的教育，以卓越的家風和家學振興家族，贏得了世人尊敬，族中多有以文學（包括學術）、文治而致高位者，可謂儒學世家。這方面較突出的代表人物，北朝時要推景伯、景先、景遠兄弟三人，隋唐時要推彥謙、玄齡父子。

房景伯，字長暉，少喪父，家貧，以孝聞。曾任齊州輔國長史，並代行刺史之權，為政寬簡，頗得民心。房景伯性情淳厚，據史書記載，他在擔任清河郡守時，有一個名叫劉簡虎的人，因為曾對景伯無禮，擔心景伯報復，就舉家投奔了山賊。房景伯到處搜捕劉簡虎，終於抓獲了他，卻並不記舊仇，還任命劉簡虎的兒子為清河郡佐治官吏，讓他告諭山賊，只要歸順朝廷，就既往不咎。山賊們見房景伯不記舊仇，紛紛歸順了。

第一章　少年英才出齊州

　　房景伯事母至孝。在清河任上時，遇一老婦人控告兒子不孝。回家後，房景伯跟母親崔氏談起了此事，並準備治那個不孝子的罪。母親了解了情況後，說道：「普通人家子弟沒有受過教育，不知孝道，不必過度責怪他們。」並叫景伯把那對母子叫到家中，與老婦人同榻共食，讓老婦人的兒子在旁邊觀摩，看房景伯是如何照顧母親的。房景伯早晚向兩位老人請安，在衣食住行方面悉心安排，並與母親聊天談心。不到十天，老婦人的兒子就羞愧難當，承認自己錯了，請求與母親一起回家。崔氏卻不讓他們走，對房景伯說：「這人看起來很羞愧，但實際上內心並沒有真正悔改之意，再讓他們住些日子。」又過了二十多天，見房景伯還是一如既往地對母親，沒有一點怨氣，老婦人的兒子深深地被打動了，才真正意識到了自己的錯誤。他跪在房景伯和房母面前，不停地磕頭，表示自己一定真心改過，把頭都磕破了。後來，老婦人的兒子成了鄉里遠近聞名的孝子。房景伯以身教人，用自己的孝行感化了不孝子。對此，林同的〈賢者之孝二百四十首·房景伯〉這樣寫道：「親見房太守，殷勤奉旨甘。那能不心愧，豈止是顏慚。」

　　後來，房景伯歷任高級文官，在司空長史任上時因母親生病而辭官回家照料。景伯與兄弟之間互敬互愛，嚴守禮儀，鄉人皆稱嘆說：「有禮有義，房家兄弟。」連當時以評

人苛刻聞名的廷卿崔光韶都屢次稱讚景伯「有士大夫之行業」。景伯死後被追贈為左將軍、齊州刺史。

房景先，字光冑，景伯次弟。他幼時孤貧，但精勤好學，十分孝順懂事，年僅十二歲，看到兄長做雇工養家，他也要求做工養活自己。曾任太學博士。當時的大儒劉芳、崔光十分賞識他的才能，於是推薦他為著作佐郎、修國史，不久景先又受命撰寫《宣武起居注》。此後，他累遷步兵校尉、尚書郎、齊州中正。他為人沉敏方正，事兄恭謹，兄長臥病在床，他就在一旁侍奉湯藥，堪為孝悌的楷模。他還曾作《五經疑問》百餘篇，頗得時人讚賞。

房景遠，字叔遐，景伯幼弟。為人豪爽，樂善好施，重誠信。他任齊州主簿時，於災年盡力輔助房氏宗親、周圍鄉鄰，並施捨賑粥，救活了很多路過的餓者。後來，有受過他賑粥的人不幸淪為劫匪，因感念景遠之恩，在一次搶劫時放過了二十多人的性命。景遠侍母甚孝，對兩位兄長十分尊重，撫養景先遺留下來的孩子也十分用心。

對房景伯三兄弟，《魏書》稱頌曰：「景伯兄弟，儒風雅業，良可稱焉。」

- **房翼**：伯祖之子，房玄齡曾祖，繼承爵位，任宣威將軍、大城戍主。北魏永安年間（西元五二八至五三〇年），任青州太傅開府從事中郎。房翼有二子：房熊、房豹。

第一章　少年英才出齊州

- **房熊**：房玄齡祖父，字子威（一字子彪），曾行清河、廣川二郡守。

- **房豹**：房玄齡叔祖，字仲幹。他依靠家族在地域上的影響力，十七歲就被聘為齊州主簿。之後出任北齊大將軍慕容紹宗的開府主簿兼行臺郎中，隨慕容紹宗在潁川一帶防衛西魏的王思政。北齊河清（西元五六二至五六四年）年間，房豹被授謁者僕射，拜為西河太守（治今山西汾陽）。在任西河太守期間，他以清靜無為、不擾民為宗旨，扶貧濟弱，深得當地百姓好評。後來又升職為博陵太守（治今河北安平），政績頗佳。再後來升任樂陵太守，努力教化百姓，與民休息，百姓因之安居樂業。北齊被北周所滅，房豹回到了自己的家鄉，耕種田園以自給。雖然朝廷屢屢徵召，但他不欲為官，均以疾病推辭。凡刺史、太守到他的家鄉上任，一定會派人來問候他。也就是在此時，他在歷城古城和鵲山湖之間開闢了一座山水園林——房家園子。房豹沒有兒子，以哥哥房熊的兒子房彥詡為後代。房彥詡明辨事理，頗有學識，曾任殿中侍御史及千乘、益都二縣縣令，頗有政績。

- **房彥謙**：房玄齡之父，歷任北齊齊州主簿，隋監察御史、長葛令、都州司馬、司隸刺史、涇陽令等職。他為官勤勉廉正，隋文帝時考察地方官吏，推其為「天下第一能吏」。

房彥謙博覽經史，擅著文章，精於書法，並且深達政務。他以天下為己任，胸懷拯世濟民的大志，為官清正廉潔，善行惠政，不屈己，不媚人，進退有據。他為人端莊厚重，體質文雅，謙恭自處，恪守「清白」之節；門風肅穆，所交遊的人皆為知名雅澹之士。

房彥謙在家裡，每當子姪來問安，都不厭其煩地勉勵、教導他們。擔任官職的時候，他把自己的俸祿都拿出來救濟貧困的親友，因此家中財產並不豐厚，無論衣食住行，都以節儉為旨，也從不在職業上謀取私利。他曾對房玄齡說：「人皆因祿富，我獨以官貧。所遺子孫，在於清白耳。」意思是，別人都因官俸而富，我偏偏以做官而貧。我能夠留給子孫的，只有「清白」二字。這種優良的品德使房玄齡受到深遠的影響。

第三節　房玄齡的少年時代

（一）自幼聰穎 博覽群書

房玄齡出生於五七九年，正是中原諸國再次統一的前夕。五八一年，楊堅廢北周靜帝，自立為帝，國號隋，建元開皇，是為隋文帝。房玄齡出生後不久，便遇上了這場改朝換代的變動。其父房彥謙在北齊末任齊州治中，齊亡後即隱

第一章　少年英才出齊州

居不仕，直到隋開皇七年（西元五八七年），才因齊州刺史韋藝推薦，入朝為官。據此可知，房玄齡少時是居住在故鄉齊州的，因而齊州大地博大精深的歷史文化底蘊和齊州房氏家族的家學、家風，深深地滋養著他。隋取代北周，是一場不流血的宮廷政變，所以對地方的震動不大。雖然楊堅初攝政時，北周重臣、相州總管尉遲迥起兵反楊，一時多有州郡響應；尉遲迥的姪子尉遲勤時任青州總管，也發兵五萬支持尉遲迥。而青州與齊州毗鄰，齊州士民難免會受到牽累，但不久尉遲迥、尉遲勤就兵敗而死，叛亂驟起驟滅，齊州幸運地躲過了刀兵之災。而齊州房氏又是數代簪纓之族，根基深固，所以房玄齡在少年時期的生活應該是富裕而平靜的。他聰明靈敏，在父親的影響和督導下，勤奮讀書，年紀稍長就博覽經史，工草隸，善屬文，胸懷寬廣，志向遠大。

章丘相公鎮的房玄齡塑像

　　房氏家學除了文學、經史修養外，還講究文武兼修、技能培養。顏之推曾對當時的文武兼修有過詳細論述：

　　夫君子之處世，貴能有益於物耳，不徒高談虛論，左琴右書，以費人君祿位也。國之用材，大較不過六事：一則朝廷之臣，取其鑑達治體，經綸博雅；二則文史之臣，取其著述憲章，不忘前古；三則軍旅之臣，取其斷決有謀，強幹習事；四則藩屏之臣，取其明練風俗，清白愛民；五則使命之臣，取其識變從宜，不辱君命；六則興造之臣，取其程功節費，開略有術，此則皆勤學守行者所能辨也。人性有長短，豈責具美於六塗哉？但當皆曉指趣，能守一職，便無愧耳。

《四庫全書》本《顏氏家訓》書影

第一章　少年英才出齊州

因此，所謂的文武兼修，其中的「武」道，並不單指軍事才能，它其實包含兩個層面：一是程功節費之術，二是運籌帷幄之術。在文武兼修中，要突出一種才能，以其他才能為輔助。房氏中人正是如此施為，形成了家族中文武兼修的家學傳統。房氏對其子弟「程功節費」之術的培養，主要是培養其具體技能，如書法、律令、財經等技能，依託家族文化環境，以言傳身教、耳聞目睹為教導方式，從而使房氏子弟兼具財經與計算能力。到了貞觀十三年（西元六三九年），由於人才缺乏，一時找不出合適的人選，時任尚書左僕射的房玄齡決定自領「度支郎中」的職責。這是後話。

（二）少年壯志　豪情滿懷

玄齡少年時，齊州發生過一些與當朝天子有關的重要事件，曾轟動一時。

隋文帝楊堅的母親是濟南人，為了紀念母親，楊堅在齊州大興佛事，在千佛山造像，重修神通寺。而當時的山東水旱頻仍，民生疲敝，百姓日子本來就很艱難，經過這場折騰，更是困苦不堪了。

這些事情，在年輕的房玄齡心中留下了很深的印象，他對隋文帝的作為多有不滿。十六七歲時，他曾跟著父親到過京師，當時朝野上下表面上是一片歌舞昇平、安居樂業的景象，

許多人以為大隋王朝根基牢固，國祚必定長久。不過，房玄齡由於耳聞目睹了許多事件，對此已大不以為然，而是有著與眾不同的見解。

隋文帝像

隋文帝是位苛察多疑之主，對臣僚皆不信任，事必躬親，勞神苦行，朝事無論巨細，皆由他一人決斷。這樣，君臣之間充滿猜忌氣氛，臣下侍臣，如履薄冰，終日戰戰兢兢，沒有一人勇於直言諫奏。

房玄齡當時雖然年紀很輕，卻已顯示出早熟的智慧和見識，對隋王朝潛藏的危機有著清醒的認知。有一次，他迴避左右，單獨對父親說：「隋帝本來就沒有什麼功德，只是一味地蒙蔽欺騙百姓，從不為後代子孫長久考慮。他又不能恰當地處置和幾個兒子的關係，致使嫡庶名分混淆，相互之間明爭暗鬥。這幾個兒子，又都奢侈荒縱，終究會自相殘殺，不能夠保全家國。如今雖然表面上太平無事，但動亂喪亡不久就會發生的。」

聽了兒子的話，房彥謙非常驚異，連連擺手說：「小孩子家，不許亂說！」但心中卻深以為然，暗暗稱奇，為兒子的深邃眼光和獨到見解感到驕傲。後來，房彥謙曾對摯友李

少通表達了這種觀點，李少通當時並不贊同。不久，到了文帝仁壽（西元六○一至六○四年）、煬帝大業（西元六○五至六一七年）年間，房玄齡的預言被一一驗證了。這證明年少的房玄齡對時局的判斷具有前瞻性。

不過，房玄齡對隋王朝時局的研判是深藏於內心、與至親密談的，在現實的生活中，他還需要洞察天下大勢，順應體制、屈就威權，去尋求生存、發展和實現遠大抱負的路徑。

（三）州舉進士 惜別故里

科舉制度是歷史上透過考試選拔官員的一種制度。它創始於隋朝，確立於唐朝，完備於宋朝，興盛於明清兩代，廢除於清朝末年，歷時一千三百多年，對歷史的發展產生了廣泛而深遠的影響。科舉制度採用分科取士的辦法，士子應舉，原則上允許「投牒自進」，不必非得由公卿大臣或州郡長官特別推薦。這一點是科舉制最主要的特點，也是與察舉制最根本的區別。

隋開皇七年（西元五八七年），文帝頒布詔令，命各州每年貢舉三人入朝候選，工匠商人不得入內。貢舉之士要參加考試，考試由吏部尚書或侍郎主持，內容主要是策論方略；要進行口試和筆試，分甲、乙、丙三等錄取。又設秀才、明經兩科，以文辭優長者為秀才，明習經書者為明經。

時人以秀才為最榮，選拔又十分嚴格，文帝一朝，中秀才者只有杜正玄一人。《隋書‧文學‧杜正玄傳》載：「開皇末舉秀才，尚書試方略，正玄應對如響，下筆成章。」

　　到了開皇十八年（西元五九八年），文帝下詔特設「志行修謹」、「清平幹濟」二科，命京官五品以上者及各州總管、刺史舉薦人才。這次選拔官員由吏部主持，以吏部尚書為主，以吏部侍郎為副，堅持「先德行後文才」的標準，史稱這次選拔的人才「最為稱職」。自此以後，六品以下的官員選任，皆歸於吏部決定，漢以來沿行已久的由地方長官徵辟屬官的規則基本上停止了，中央政府收回了選任用人權。房玄齡時年十八歲，考中進士，告別故鄉，踏上實現人生理想與抱負的漫漫征途。

第一章　少年英才出齊州

第二章
亂世投主襄大計

第一節　仕隋坎坷　心憂天下

（一）授羽騎尉 受「楊諒叛亂」所累

　　房玄齡考試中第後，要經吏部詮選，主持詮選的是吏部侍郎高構。高構，字孝基，北海人，生性滑稽，富有智慧，喜好讀書，精於官府事務，北齊時曾任蘭陵、平原二郡太守，隋建立後曾任冀州司馬、雍州司馬、吏部侍郎等職，素以知人善任著稱。吏部尚書牛弘對他十分倚重，他退休之後，牛弘每次選任官員，都要派人到他家中徵求意見。高構與房彥謙有同鄉之誼，關係密切，自然對房玄齡尤為關注。他親自接見了這個年輕的進士，一番交談之後，極為讚賞，為玄齡的足智多謀所折服。他曾對尚書左丞裴矩說：「我見到的人才很多，但沒有一個能比上這個年輕人的，他將來必成大器。遺憾的是我老了，不能親眼看見他凌雲拂日的成就了。」

　　經過吏部詮選，房玄齡成為羽騎尉，後被任命為隰城尉。隰城，隋朝時屬於西河郡治地。縣尉掌管一縣的大小事務，品位雖低，但隋唐時期舉子入仕，大多由此官開始。

　　就在房玄齡赴任不久，隋王朝的政局接二連三地發生了重大變化。

　　隋文帝的幼子楊諒，本名楊傑，字德章，深得文帝寵愛，開皇元年（西元五八一年）被封為漢王。開皇十七年

（西元五九七年），楊諒出任并州總管，西起華山、東至渤海、北達雁門關、南到黃河的五十二個州都歸他掌管，文帝還允許他不受律令限制，可以自行處理事務。赴任時，文帝親自為他送行。後來，煬帝繼位，楊諒不滿，起兵造反。楊諒素不知兵，又剛愎自用，不納善策，結果屢屢指揮失誤，兵敗請降。此次一開始聲勢很大的叛亂，僅兩個月就被平息了。楊諒被廢為庶人，幽囚致死。

　　楊諒的叛亂使并州境內的官吏軍民受到連累，許多人以從逆的罪名被懲處。西河郡的隰城在并州治內，身為縣尉的房玄齡自然脫不了關係。房玄齡本就對文帝晚年的朝政多有微詞，雖沒有直接捲入楊諒叛亂事件，但深有同情之心。楊諒的叛軍經過隰城時，房玄齡沒有號召軍民抵抗，而是採取了靜觀其變的策略。所以，楊諒失敗後，他受到懲處，雖然不算太重，只是被流配到上郡，但這也斷送了他在隋朝當官的前途，一直到隋朝被推翻，十幾年間，他再沒有出仕為官的機會。

（二）流徙上郡　靜觀時機

　　大業二年（西元六〇五年）初，房玄齡被罷官，流徙上郡。流徙於此地的房玄齡並沒有消沉，更沒有一蹶不振，而是一直關注時局發展，仍懷抱一腔為國為民之志。此時的房

第二章 亂世投主襄大計

玄齡已二十七歲，正值風華正盛之年、思維敏銳之時。大業七年（西元六一一年），山東鄒平人王薄，聚眾於長白山起義，揭開了隋末農民起義的序幕。雖然王薄的起義很快被官軍鎮壓下去，但此後各地大大小小的農民起義相繼湧現。自幼心懷大志的房玄齡，審時度勢，自然要分析天下如何亂、亂後如何應對方能重歸統一。要知道以「知人」見稱的吏部侍郎高構就曾對房玄齡以「國器」詡之，想必流徙上郡時期的房玄齡，一定會像諸葛亮隱居臥龍崗一樣，深謀遠慮，對將來的時局演變預測推演，有了胸中丘壑。既居於關中之地，經史傳家、見微知著的房玄齡自當是以史為鑑，以關中為基，深刻地理解了關隴集團的政治遺產，有了亂世之中能者居之的政治認知。因此後來房玄齡與李世民乍一見面，便如舊識，其深層原因應該是二人所見相同，有共同的人生觀、價值觀。

正是在這一時期，房玄齡遇到了一生中的知己 —— 杜如晦。上郡距隋京師大興城不過幾十公里之遙，父親房彥謙此間又在朝中任司隸刺史，到京師探望父親時，房玄齡遇到了家居京畿的杜如晦。房玄齡博學而多創見，杜如晦明敏而善謀斷，這兩位胸懷大志的年輕人，趣味相投，志同道合，他們建立起了親密無間的友情，為後來一起輔佐李世民、共創「貞觀之治」建立了良好的合作基礎。

　　大業十一年（西元六一五年），司隸刺史房彥謙，因為官正直，堅守正義，清廉愛民，得罪權貴，被貶為涇陽縣令，不久病於任所。房玄齡因為父親生病，來到了涇陽，在父親身邊侍疾，衣不解帶，目不交睫。父親臥床百餘日後，不幸逝世。玄齡悲痛不已，五天不進飲食。時山東農民起義軍風起雲湧，天下大亂，此種兵荒馬亂歲月，使房玄齡不可能歸鄉葬父，只能暫厝其父靈柩於涇陽。

第二節　杖策謁於軍門

（一）李淵晉陽起兵 世民戰功卓著

　　大業十三年（西元六一七年）六月，李淵在晉陽正式宣布起事。晉陽起兵是李淵長期醞釀反隋的必然結果。它最早萌發於大業九年（西元六一三年），後因楊玄感起兵慘敗，暫時有所收斂。到了大業十一二年，隨著形勢的急驟變化，李淵很快地就把反隋的決心化為實際行動。這長達四年的醞釀過程，並不是李淵個人的行動，而是由隋末階級鬥爭和統治階級內部矛盾所制約的。正是錯綜複雜的客觀形勢，把李淵推上了歷史舞臺。

第二章　亂世投主襄大計

李淵像

李淵素有大志，在農民起義日益占據優勢、隋朝即將敗亡的形勢下，萌發了取而代之的想法。在李淵起兵的過程中，他的堅忍鎮靜，李世民的勇敢有為，可謂交相輝映，導致了晉陽起兵的勝利。李世民年輕果敢，無所畏懼，善於募兵，擅長計謀，交結和收羅了許多英豪人物。早在大業十二年（西元六一六年），他就跟隨李淵來到太原，奉父親之命網羅各種人才，結交英豪，發展勢力，只要有一技之長，均優待任用。當時，長孫順德和劉弘基亡命在晉陽，李世民以優禮待之，他們在協助李世民募兵方面發揮了重要作用。此外，李世民和晉陽令劉文靜交誼甚篤，他們初次見面就十分投機，對於劉文靜提出的攻取天下的策略，李世民十分贊同，笑道：「君言正合吾意。」及至大業十三年（西元六一七年）上半年，李世民敏銳地感知時事，判斷發展趨勢，多次向李淵提出起兵的具體建議，表現了驚人的才智。

劉文靜像

至於李建成和李元吉，則沒有來得及參加起兵壯舉。他們在河東接到父親的緊急書信後，急忙奔赴太原，路途上碰見柴紹，才知道起兵一事已成。所以，論起功勞，他們自然不能與李世民相提並論，這也為今後的太子之爭、玄武門之變埋下了伏筆。

（二）一見如故 任職記室參軍

李淵父子在晉陽起兵後，迅速占領了關中，甚得人心。此時的房玄齡深知隋朝已經沒有多少氣數了，所以一直在觀望時機，欲投明主，藉以實現自己的理想抱負。聽聞晉陽起兵的消息，房玄齡的內心激盪不已。

當時，農民起義的風暴席捲全國，農民軍多達百餘支，參加的人數上百萬。經過大大小小的戰鬥，起義軍逐漸從分散走向聯合，形成三支強大的隊伍，一支是河南的瓦崗軍，一支是河北的竇建德軍，一支是江淮地區的杜伏威軍。農民軍動搖著隋朝的統治，許多地方豪強也乘勢起兵反隋，紛紛

第二章　亂世投主襄大計

割據一方。

　　從這紛繁複雜的起義形勢中，應何去何從，考驗著一個人的政治眼光和判斷能力。房玄齡以敏銳的洞察力，很快便發現了李淵父子這支起義軍的優勢所在：首先，李淵父子有著深厚的政治基礎。李淵出身北周關隴貴族家庭，襲封唐國公，長期掌領軍隊，並且是一支具有很強戰鬥力的正規軍，與其他起義軍有本質上的不同。其次，李淵父子占據了富庶的關中之地，後備資源豐厚。再次，李淵父子擁有優秀的領導素質和強大的感召力。

　　於是，在李世民占領渭北後，房玄齡「杖策拜謁於軍門」，就是帶著自己的策略來自薦，從中足見其誠意。當時，另一位大才子溫彥博也很欣賞房玄齡，並親自向李世民舉薦了他。李世民剛剛起兵，正是用人之際，所以立即接見了這位大老遠跑來投靠的有識之士。這是李世民與房玄齡的第一次會見，二人一拍即合，十分投機，就像是老朋友一樣。當即，李世民任命房玄齡為渭北道行軍記室參軍，承擔軍事機要文書的起草與參謀工作。從此，這對歷史上有名的君臣，開始了三十多年的「最佳拍檔」生涯，為大唐的歷史增添了最鮮豔的一抹亮色，成就了一段佳話。

（三）運籌帷幄 輔佐李世民征戰南北、翦滅群雄

西元六一八年，李淵建立唐朝，做了皇帝，建元武德，立其長子李建成為太子，封次子李世民為秦王兼任尚書令，三子李元吉為齊王。

秦王開府後，房玄齡被任命為秦王府的記室參軍，兼陝東道大行臺考功郎中；杜如晦被任命為秦王府兵曹參軍；李靖也被秦王召入幕府，授為三衛郎。自武德元年（西元六一八年）至武德六年（西元六二三年），房玄齡協助李世民南征北戰、殲滅群雄，成了李世民最為信賴的智囊和參謀之一，在統一戰爭中發揮了重要作用。

杜如晦像　　　　　　　　　李靖像

第二章　亂世投主襄大計

在此期間，李世民率領部隊先後進行了四次對唐王朝的命運具有決定性意義的重大戰役，每次戰役所面對的敵人均十分強大，戰鬥的歷程也非常艱苦，但最終都取得了勝利。究其原因，與李世民雄才大略，能夠審時度勢適時做出正確的決策，採取機動靈活的策略戰術分不開；更與李世民有一個得力的幕僚群體休戚相關，而其中房玄齡、杜如晦等人功不可沒，實為幕僚群體中的代表人物。

討伐薛舉、薛仁杲

對薛舉、薛仁杲的戰爭，是唐王朝統一戰爭的第一個大戰役。為確保戰役的勝利，李世民掛帥親征，房玄齡、杜如晦等隨從出戰，經歷了「勝利 —— 失敗 —— 勝利」的曲折過程，既表現了李世民軍事指揮上的日漸成熟，也顯示了以房玄齡為代表的李世民幕僚團隊的傑出智謀。

（1）前哨戰的勝利

薛舉是隋金城郡的富豪，他性格豪邁，交結豪猾，稱雄於邊朔。大業十三年（西元六一七年）四月，薛舉起兵，開倉賑貧，自稱西秦霸王，建元秦興，封兒子仁杲為齊公，很快就占據了隴右之地，擁兵十三萬。當年秋天七月，薛舉稱秦帝，攻克秦州，又奪得另一支起義軍即由唐弼率領的十萬士兵，史稱「舉勢益張，軍號三十萬，將圖京師」。薛舉父

子起兵是隴右豪強地主反隋的行動，其性質與李淵起兵一樣，而且進軍目標也是指向關中。唐、秦之間的戰爭，實際上是爭奪關中的鬥爭。

　　大業十三年（西元六一七年）十一月，李淵、李世民父子搶先攻占長安。十二月，薛舉父子獲悉此事，便以十萬兵力進逼渭水之濱，包圍了扶風郡城，構成了對李淵勢力的嚴重威脅。這時，李世民挺身而出，率眾於扶風大破薛仁杲軍，並乘勝追至隴坻而還。薛舉從未遭到此種挫敗，不禁發出了「古代有投降的天子嗎」的感嘆。而對李淵父子來說，前哨戰的勝利不僅鼓舞了士氣，而且也使自己在關中站穩了腳跟，便於向外發展。同月，平涼留守張隆、河池太守蕭瑀及扶風、漢陽郡守相繼來降。接著，李氏政權又取得了巴、蜀之地。

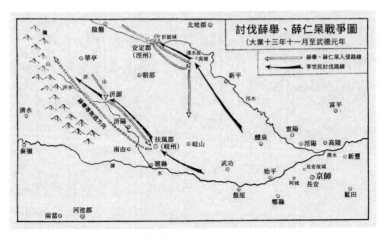

討伐薛舉、薛仁杲戰爭圖

第二章　亂世投主襄大計

(2) 高墌之役

薛舉不甘心失敗，企圖勾結突厥，再次攻打李淵父子軍隊。武德元年（西元六一八年）六月，薛舉入侵涇州，縱兵擄掠，直至邠州、岐州一帶。剛被封為秦王的李世民，以西討元帥的名義，和劉文靜、殷開山等率八總管兵前往抗擊。七月，雙方對壘於高墌。這時李世民卻病倒了，無法出征，便把指揮大權交給劉與殷兩人，並曾告誡他們，不要輕敵冒進，可堅壁不出，以逸待勞。可是，劉、殷二人認為如果不出戰會被敵軍輕視，於是陳兵於高墌西南，恃眾輕敵，準備與薛舉決戰。不料，薛舉以精銳的輕騎從背後實行包抄掩襲，唐軍大敗，死傷無數，大將軍慕容羅睺、李安遠、劉弘基等被俘，高墌城陷落。無奈之下，李世民率軍退回長安。

李世民自晉陽起兵以來，幾乎是每戰皆捷，尚未經歷過如此的慘敗。因此，這次因驕而敗的教訓是極其深刻的，使李世民和他的將領、幕僚團隊在以後多次戰爭中都時刻注意保持冷靜的頭腦。

(3) 淺水原決戰

這次薛舉獲勝後，有人建議他乘勝直取長安，不料大軍出發前，薛舉病死，薛仁杲繼位。這時，李世民親任元帥，再次領兵討伐薛軍。九月，唐軍再次臨近高墌，堅壁不出。敵軍多次挑戰，有將領請戰出擊，李世民採納幕僚房玄齡等

的建議，吸取失敗的教訓，堅絕不同意，說：「我軍才打了敗仗，士氣正低落。而敵人剛剛打了勝仗，因而驕傲輕敵，我們應當緊閉營門耐心等待。他們驕傲輕敵，而我們奮勇攻擊，一定可以打敗他們。」他還下令全軍有敢請戰的，立即斬首！

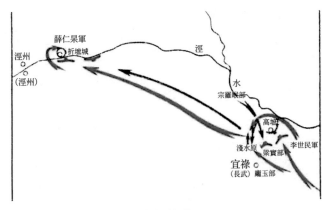

淺水原之戰

　　就這樣，雙方僵持了六十多天，敵軍糧盡，其將領梁胡郎等人率領各自的隊伍前來投降。李世民了解到薛仁杲手下的將士有離異之心，就命令行軍總管梁實在淺水原紮營，以引誘敵軍。敵軍的將領叫宗羅睺，得知這一消息後十分高興，竟出動全部精銳來攻打梁實。梁實謹遵李世民的策略決策，守住險要位置，堅決不出戰。營地中沒有水源，他們好幾天都沒有水喝，可仍然頑強抵抗。李世民預測到敵軍已經疲憊，認為時機已經到了，便對諸位將領說：「可以一戰！」

第二章　亂世投主襄大計

這一天，天快亮的時候，李世民讓右武侯大將軍龐玉在淺水原列陣，宗羅睺迎戰，雙方激戰不已。正當龐玉幾乎不能堅持的時候，李世民親率大軍出其不意從淺水原北方出現，他與幾十名驍騎率先衝入敵陣，奮力搏鬥，呼聲動地，大敗敵軍。

接著，李世民又率領兩千騎兵追擊，並且鼓勵將士們說：「現在我軍取勝，正勢如破竹，機不可失！」一路追至折墌城，與涇河對面的薛仁杲營地對陣。薛仁杲驚懼不已，帶兵進城據守。這天傍晚，唐軍各路隊伍紛紛趕到，包圍了折墌城。到了半夜，守城的人紛紛下城投降。薛仁杲無計可施，只好於次日早晨出城投降。這一戰，唐軍取得巨大的勝利，俘虜薛仁杲的一萬多名精兵和五萬名百姓。

對薛舉、薛仁杲的戰爭，前後持續近一年。李世民先是小勝，繼而大敗，最後大勝。這次戰爭的勝利，解除了唐王朝來自西北方面的威脅，消滅了爭奪關中地區的對手。

當時，從軍事上說，薛舉父子軍號稱三十萬，因地居隴右，掠得隋朝大量官馬，而且將驍卒悍，兵鋒銳盛，利於速決戰。而李淵父子攻長安時，號稱二十萬大軍，尤少馬匹；但關中地區倉庫豐足，物力和財力遠遠超過秦軍，所以利於持久戰。秦王李世民正是憑藉這種客觀條件，依靠聰敏的幕僚和英勇的將士，揚長避短，以卓越的指揮贏得了勝利。

對劉武周的戰爭

　　李世民指揮的第二個大戰役，就是平定劉武周軍，從武德二年（西元六一九年）十一月出征，至次年四月獲得全勝。

（1）劉武周軍陷晉陽

　　劉武周出生於豪富之家，年輕時驍勇善射，喜結交豪俠。他在馬邑擔任鷹揚府校尉時，隋末天下大亂，劉武周起兵反隋，依附突厥，很快成為割據北方的一股強大的力量。他還自立為帝，改元天興。後來，宋金剛軍被竇建德打敗後，便率領自己的四千多名士兵投奔了劉武周，更壯大了劉

劉武周像

武周的聲勢。劉武周軍的發展壯大，威脅著李氏政權，雙方勢必將有一戰，不可避免。

　　武德二年（西元六一九年）三月，在突厥的支持下，劉武周南侵併州。四月，劉武周接受了大將宋金剛的建議，攻打晉陽，並打算南下爭奪天下。當時，劉武周任宋金剛為先

第二章　亂世投主襄大計

驅，率兵兩萬，再加之突厥的兵力支持，一時間勢不可擋。時任并州總管的齊王李元吉抵擋不住，榆次縣被攻陷，太原處於危急之中。五月，劉武周軍陷平遙，六月又攻取介州。李淵派右僕射裴寂督軍抗擊。九月，裴寂和宋金剛戰於度索原，結果唐軍幾乎全軍覆沒，裴寂隻身逃回晉州。劉武周則率軍進逼太原，齊王元吉無力抵抗，夜間逃離，奔回長安。李唐王朝的發跡地竟然旦夕之間淪陷了，令李淵驚呼不已。十月，宋金剛攻陷澮州與晉州，一時關中大震，情勢十分危急。

在如此險惡的形勢下，李淵慌忙頒發手敕，意欲放棄河東之地，謹守關西。秦王李世民堅決不同意，緊急召集幕僚商議，又特命記室參軍房玄齡起草奏章，上表請戰。玄齡揮筆寫就，上表說：「太原王業所基，國之根本，河東殷實，京邑所資。若舉而棄之，臣竊憤恨。願假精兵三萬，必能平殄武周，克復汾、晉。」表達了對李氏基業所在地的重視與不容放棄、堅決平定的決心。於是，李世民再次掛帥，前往討伐劉武周。李淵親自到長春宮送行，期待李世民討伐凱旋。

（2）對壘相持於柏壁

這一年的十一月，正值隆冬季節，李世民率軍自龍門乘堅冰渡河，紮營於柏壁，與宋金剛對峙相持。李世民到河東後，首先做的事是安撫民心。當地的百姓聽聞秦王前來，沒有不歸附的，無論遠近，每天來者絡繹不絕，軍隊實力逐日

壯大。同時，他在軍事上堅持「堅壁不戰」的方針，休兵秣馬，僅命令偏將乘間襲擾敵軍。有一次，世民和年僅十七歲的堂弟李道宗觀察敵情，問：「敵人仗著人多勢眾來挑戰，你覺得應該如何應對？」道宗答：「現在敵人鋒芒正露，有勢不可當之態，適合用計降服他們，不適合正面交鋒。我們現在用堅固的防禦工事挫敗他們的鋒芒，他們必定難以維持長久，等到他們糧盡了，我們就可以不戰而勝。」世民高興地說：「你的意見和我不謀而合。」可見，這種「堅壁挫銳」的策略戰術是世民軍中不少將領所熟悉並擅長運用的。

十二月，秦王將領殷開山、秦瓊（字叔寶）等，在美良川打破劉武周將領尉遲敬德、尋相等。接著，李世民又親率步兵和騎兵共三千人對敵人進行襲擊，俘獲了大部分敵軍，又回到柏壁。這時，眾將紛紛請戰，李世民與房玄齡等經過一番沉著冷靜的分析，下令說：「宋金剛深入我軍之地，精兵驍將都集於此地，雖然這次取得了勝利，但仍不適合進行激戰與速戰，而應該繼續固守不出、挫其銳氣。」因此，他們繼續堅持「堅壁挫銳」之計，終於使唐軍一步步地奪得了勝利。

第二章 亂世投主襄大計

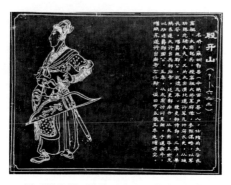

陝西禮泉縣昭陵陵區 殷開山簡介、刻像

（3）收復並、汾之地

經過長達五個月的對峙相持，敵軍氣勢日衰，供養日益窘迫。唐將李仲文堅守浩州，多次打敗劉武周的進攻，切斷了敵軍的運糧通道。武德三年（西元六二〇年）二月，宋金剛因軍糧匱乏，士氣低落，不得不後撤，李世民率軍尾追至介州。同時，唐軍又在呂州大敗尋相，並乘勝追擊，一晝夜行軍一百多公里，戰鬥數十回合。到了高壁嶺，由於連續作戰，士卒饑疲，但李世民堅持乘勝追擊，策馬揚鞭，身先士卒，將士們誰也不敢說餓。到了雀鼠谷，經過一日八戰，他們俘斬敵軍數萬人。當晚，他們在雀鼠谷西原休整，李世民兩天沒吃飯，三天睡覺不解甲，表現出了英勇戰鬥的作風。房玄齡和幕僚、將士也都不敢懈怠，按照李世民的作戰部署，英勇作戰。接著，李世民又引兵赴介休城。當時，宋金

剛尚有兩萬部隊，欲與世民決一死戰。李世民命李勣（即李世勣，原名徐世勣，字懋功，唐高祖李淵賜其李姓，後避太宗李世民名諱，改名李勣）、程知節（原名咬金，後更名知節，字義貞）、秦瓊在北，翟長孫、秦武通在南，他自己則親率三千精騎衝其陣後，結果宋金剛大敗而逃，李世民追至張難堡。敵軍將領尉遲敬德、尋相等率餘部八千人來降。敬德英勇善騎，是一位傑出的精騎將領。李世民慧眼識敬德，加以重用。此後，尉遲敬德追隨李世民南征北戰，立下汗馬功勞。

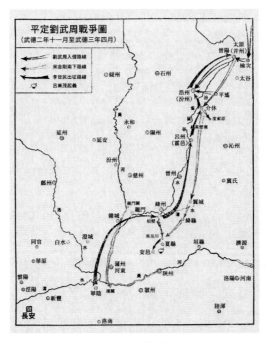

平定劉武周戰爭圖

李勣像

劉武周得知全軍潰敗，便帶了百餘騎棄太原而逃，投奔突厥。李世民進駐晉陽，收復並、汾舊地。為了防範劉武周的殘餘勢力，李世民留下將領李仲文收復并州，自己則返回長安。

對王世充、竇建德的戰爭

第三個大戰役，是對王世充和竇建德的戰爭。論規模，它是最大的一次，歷時十個月，前八個月是對王世充的作戰，後兩個月主要是鎮壓竇建德勢力的戰爭。

(1) 伏兵三王陵

武德元年（西元六一八年）正月，李淵命李建成為左元帥，李世民為右元帥，率軍十多萬人，向東都洛陽進發。四月，大軍到了洛陽，紮營於芳華苑，無法入城。李世民認為：「我們剛剛取得關中，根基還不牢，就算攻下洛陽，也不能守住。」於是，他引軍而還，並在三王陵設置伏兵，以防備敵人追擊。果然，隋將段達率兵萬餘來追，唐軍趁勢將其打敗。後來，唐王朝為了對付薛舉父子，調李世民到隴右抗擊，無暇東顧。直到打敗劉武周，解除了東北側的威脅，鞏固了關中後方，李世民才有餘力來剷除關東群雄。

(2) 唐鄭相爭

武德元年（西元六一八年）五月，隋煬帝被殺的消息傳來，楊廣的孫子越王楊侗被立為皇帝，改元皇泰。九月，隋朝守將王世充擊潰李密的瓦崗軍，成為這個地區的強大武裝勢力。武德二年（西元六一九年）四月，王世充篡奪帝位，國號鄭，改元開明。之後，他又趁劉武周南下的機會，奪取了唐在河南的部分土地，擴大了勢力。但是，王世充政權內部矛盾重重，派系勾鬥，不得人心。將領秦瓊、程知節等不滿王世充的為人，先後降唐，成為李世民討伐劉武周的重要力量。因此，王世充只能堅守東都，不可能大有作為。武德

第二章　亂世投主襄大計

三年（西元六二○年）七月，唐王朝把戰爭的重點轉移到關東地區，以對付並消滅王世充的勢力。李世民再次掛帥，率大軍直奔河南，發動攻堅戰，以步騎五萬奪取了洛陽西線的主要據點慈澗。王世充的守兵退回洛陽，一些州城也紛紛降唐。緊接著，李世民做了重要的部署，調兵遣將，包圍洛陽，斷絕了其糧餉供應，使王世充陷於孤立挨打的處境。

武德三年（西元六二○年）八月，王世充在洛陽城西北的青城宮列兵，李世民也旗鼓相當地擺開陣勢。王世充隔水傳話，約以割城，建議講和，被李世民嚴詞拒絕。九月，唐軍陸續控制了洛陽外圍的大多數軍事地點，雙方的戰爭依舊很激烈。有一次，李世民率五百騎兵巡行戰地，登上北邙山的魏宣武陵，突然被王世充的萬餘步騎所包圍，敵將單雄信直襲李世民。危急之時，尉遲敬德趕來，他躍馬大呼，單雄信挑落馬，保護世民突圍而出。

武德四年（西元六二一年）二月，王世充的兒子率兵數千，自虎牢運糧入洛陽，結果遭到了唐軍的毀滅性打擊。由於供給不足，王世充只好關閉城門，不敢再迎戰。雖然李世民率軍四面圍攻，晝夜不停，還是無法攻克洛陽。這時，唐軍也狀態低迷，士兵勞累懈怠，將帥情緒沮喪，紛紛要求班師。李世民卻認為：「我們率大軍進擊洛陽，應該一舉擊破，才能一勞永逸。現在，洛陽周圍的州縣都已經歸服我

們，只剩下洛陽一座孤城，他們不可能堅持很久的，眼看著就要成功，為什麼要放棄呢？」房玄齡等人也全力贊同。於是，李世民堅持繼續進攻，表現了軍事家的膽識。這時候，戰爭已歷時八個月不分勝負，不明的形勢令李世民及其幕僚更要保持清醒的頭腦，從而進行更冷靜的分析，進行更完備的部署。

(3) 虎牢之戰

就在這時，河北農民軍竇建德以十多萬之眾（號稱三十萬），突然出現在唐軍的背後。這是怎麼一回事呢？

原來，陷於困境的王世充，曾多次向竇建德求援，企圖利用農民軍擊退李世民，以解洛陽之圍。當時，竇建德自稱夏王，在河北、山東地區頗得人心，人多勢大。對於王世充的求救，他先是不加理睬，坐觀唐、鄭相鬥。到了武德三年（西元六二〇年）十一月，眼見洛陽圍擊戰幾乎成了定局，竇建德的部下劉彬建議：「李唐、王鄭、竇夏現在為三足鼎立之勢，不應讓唐滅鄭，否則唇亡齒寒，夏也有滅亡危險，長遠來看，不如救鄭。」為了自身利益，竇建德接受了王世充的求援要求，率軍渡河南下，以救洛陽。竇建德致書李世民，提出要唐軍退至潼關。

第二章　亂世投主襄大計

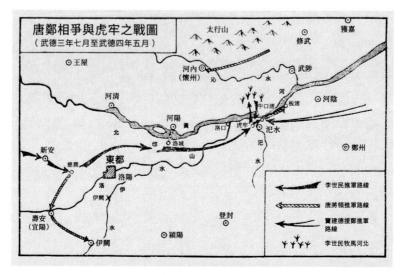

唐鄭相爭與虎牢之戰圖

　　面對這種新局勢，該如何應對？這時，李世民的部下出現了意見分歧。房玄齡、薛收、杜如晦等人認為，王世充困守洛陽，唯缺糧草。如果夏、鄭相連，以河北之糧供應洛陽，那麼戰鬥將延續不已，統一就將遙遙無期了。因此，他們建議留部分兵力繼續圍困洛陽，堅守防禦，慎勿出兵，李世民則親率精兵，搶先占領成皋的險要地點虎牢，在那裡進擊竇軍，只要擊敗了竇建德，洛陽自然就會不攻而下。而中書令兼司馬封德彝、雍州都督蕭瑀、兵部尚書屈突通等人則認為，王世充堅城固守而難以攻克，竇建德鋒銳氣盛而不易抵擋，若東去虎牢，必將腹背受敵，妥當的辦法是退保新

安，據險而守，伺機再戰。秦王李世民比較了兩種主張，權衡利弊，決定採用房玄齡、薛收、杜如晦等人的主張，命令屈突通等協助齊王李元吉繼續圍困洛陽，自己則率精騎三千五百多人急奔虎牢，以阻擋竇建德的西進。

屈突通像

　　於是，著名的虎牢之戰發生了。武德四年（西元六二一年）三月，李世民率軍到達虎牢，並親自偵察敵情。竇建德軍無法前進，只能暫時駐紮在板渚，之後又在戰鬥中屢屢失利，將士都不敢前進了。竇建德不聽部下勸告，一心「決戰」。到了五月一日，李世民率部分軍隊向北渡過黃河，在黃河之北牧馬，留下千餘匹，偽裝糧草已盡，以迷惑竇建德，而本人則於當晚返回虎牢。第二天早晨，竇建德果然以全軍出擊，軍隊連綿十公里，鼓行而進，聲勢顯赫。

第二章　亂世投主襄大計

李世民登高觀望敵陣，說：「敵人身涉險境卻雜亂無章，既沒有紀律，又輕視我們。我們如果按兵不動，他們的士氣必然就會衰竭，時間一長也會因供給不及時而兵饑馬渴，自然會自動撤退，到時候我們再去追擊，一定就能取勝。」竇建德輕視唐軍，只派三百騎兵涉過汜水，在離唐營五百公尺的地方停止，還派人通報李世民說：「請挑選幾百名精兵和他們打著玩玩。」

竇建德像

李世民先挑起小規模戰鬥，雙方不分勝負，各自返回營地。到了中午，竇建德的士兵果然又飢餓又疲憊，不管不顧地席地而坐，互爭飲水，鬥志全無。李世民看準時機，果斷下令進攻。李世民率領輕騎先出發，大軍跟隨在後，如猛虎一般衝向敵陣。唐軍的突然降臨，令竇建德軍措手不及，雙方激戰不已，戰場上塵土飛揚。最終，竇建德軍被迅速擊潰，他本人也中槍受傷，無奈退兵至牛口渚，最終被俘。

聽聞虎牢之戰的消息，王世充驚惶不已，準備突圍，南走咸陽，但是由於諸將領一致反對，只能投降。歷時兩個月的第三戰役後階段至此結束，唐初統一戰爭取得了決定性的勝利。

平定劉黑闥

對劉黑闥的戰爭，是李世民在唐初統一戰爭中指揮的最後一戰。竇建德失敗後，唐王朝未能有效地控制河北地區。唐朝的官吏實施嚴厲懲處的辦法，激起了當地民眾新的不滿與抵抗。竇建德原來的部將范願、高雅賢等人趁機反叛，於武德四年（西元六二一年）七月在漳南擁戴劉黑闥起兵反唐，勢如破竹，不到半年就奪回了竇建德原來的統治地區。

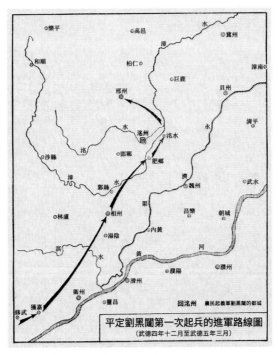

平定劉黑闥第一次起兵的進軍路線圖

武德四年（西元六二一年）十二月，秦王世民和齊王元吉再次披甲上陣，東討劉黑闥。次年正月，劉黑闥自稱漢東王，改元天造，定都洛州。此後，李世民則率軍一路相繼收復相州、邢州，最後分兵屯守河北。無論劉黑闥怎樣挑釁，李世民都堅守不應，只派騎兵切斷對方的運糧之道。劉黑闥因糧草用盡便作殊死決戰，最後大敗，率兩百多騎北奔突厥。

李世民雖然在軍事上鎮壓了劉黑闥的第一次起兵，但沒有從政治上解決河北的社會問題。武德五年（西元六二二年）六月，劉黑闥再次起兵，僅用了四個月便收復了故地。十月，齊王元吉前往討伐，行軍總管李道玄被劉黑闥所殺。十一月，皇太子李建成親征，根據魏徵的建議，實行安撫政策，爭取人心，安定社會，劉黑闥部眾終於潰散。武德六年（西元六二三年）正月，劉黑闥被殺。

（四）先收人物 致之幕府

在追隨李世民南征北戰的過程中，房玄齡等人組成的秦王幕僚團隊，無論是在戰爭準備還是在戰爭策略上，都產生了至關重要的作用。經過了一系列的征戰，秦王李世民的威望越來越高。隨著戰功的累積，秦王集團的政治視野也越來越寬闊。相傳，在平定王世充的時候，李世民和房玄齡曾一起拜訪一位叫王遠知的道士。王遠知預言，李世民能成為太平天子。

房玄齡確實不負秦王李世民厚望，不僅在秦府中出謀劃策，更重要的是每平定一處地方，眾人競相尋求奇珍異寶，而房玄齡考慮的唯獨是如何為秦王收攬人才。

在房玄齡的有意結交下，許多有才能的謀臣猛將投奔了秦王府，李世民因此收羅了一批文武之材，結成了一派很大的勢力。

與房玄齡齊名的杜如晦，就是因為房玄齡的盡力保舉而留在李世民身邊的。杜如晦與房玄齡在隋朝時的交往就相當密切，互相欣賞，曾結伴遊歷，一起結伴訪王珪於秦嶺深處。

杜如晦，字克明，京兆杜陵人。杜如晦從小愛好經史，聰穎過人，隋大業年間參加了官吏的選拔。這一次，仍是吏部侍郎高構看重杜如晦的機變之才，對杜如晦說道：「你有應變才能，一定能成為國家的棟樑，一定要保持自己的德行啊。」不能不說，高構的識人之能，高出常人，他看好的房玄齡和杜如晦，後來果然如他所言，都成了歷史長河中為國為民做出重大貢獻的人物。

杜如晦像

第二章　亂世投主襄大計

　　李世民攻下長安，杜如晦擔任了秦王府的兵曹參軍（訓練士兵的軍事參謀）。太子李建成見秦王府的人才眾多，起了疑心，害怕秦王的勢力日益增強會威脅自己的地位，於是向李淵建議將秦王府的官員調走，到外地任職。命令下達之後，秦王府中被調走的人非常多，李世民為此非常擔憂。這時候，杜如晦也要被調走了。房玄齡非常著急，他對李世民說：「府中被調走的人很多，我也沒有什麼好可惜的，只不過杜如晦聰慧過人，能洞察事理，是經營天下之才。您如果將來想要平定天下的話，沒有人才可用是不行的，這個人能幫您的大忙。」李世民聽到房玄齡的話後，十分震驚，對房玄齡說道：「你要是不說，我差點讓這樣的人才流失啊。」於是李世民向李淵上奏，請求將杜如晦繼續留在秦王府為官。房玄齡對杜如晦的才能非常了解，於是傾力向李世民保薦，杜如晦這才被李世民所看重，於是才有後來的「房謀杜斷」之譽，成為千古佳話！

　　房玄齡為李世民所收的另一重要人物是薛收。薛收，字伯褒，來自著名的河東薛氏家族。其父薛道衡乃隋代文宗，才華橫溢，名聞天下。薛收繼承家學，孝順父母，刻苦治學，與其族兄薛德音、姪子薛元敬被稱為「河東三鳳」。薛道衡與房彥謙相交莫逆，所以房玄齡與薛收相交甚篤。天下大亂，各擇良主，居於河東的薛氏家族更能理解李氏父子的

政治財產有多麼雄厚。晉陽起兵時,薛收投奔李淵。到長安後,他拜訪了好友房玄齡,房玄齡立即將其引薦給李世民。李世民大喜,河東薛氏天下聞名,得到這樣的人才,對於壯大秦王府的聲威是十分有用的。兩人一見,果不其然,無論李世民提出怎樣的時政問題,薛收都應對自如,縱橫捭闔,無不符合李世民的心意。於是,李世民馬上授予他秦府主簿一職,同時兼陝東道大行臺金部郎中。

薛收像

河東薛氏本是以武功起家,後世則文武兼修。薛收家學淵源,文武兼修,與房玄齡一樣既擅文韜,亦長武略,絕非普通刀筆吏可比。此後李世民在南征北伐中所發布的有關軍

第二章 亂世投主襄大計

事、民政的檄文布告，大多出自薛收的手筆。薛收為文敏速，成竹在胸，對於任何布告都能馬上撰寫，而不需改動。李世民對王世充、竇建德的戰爭中，面對竇建德來救援的危急形勢，正是薛收力排眾議，建議李世民一鼓作氣，消滅敵軍。李世民採納了薛收的建議，終於擒獲竇建德，平定洛陽。

李世民打下北方半壁江山所依賴的文武力量，正是房玄齡為其組建的核心智囊團隊和心腹武將力量。武德五年（西元六二二年）之前，李世民智囊團隊的核心人物杜如晦、薛收等，都是房玄齡所推薦的。另外，房玄齡還結交了許多的猛將勇士，如李勣、秦瓊、程知節、張亮、房仁裕等人，還有一眾瓦崗群豪，其中有不少出自青州、齊州。青齊之地，正是房氏數百年經營之地。比如張亮，他本是李勣的部下，當時李勣欲歸順李世民，他一力贊成並緊緊追隨。房玄齡和李勣見他為人瀟灑且智謀過人，便將他引薦給李世民，於是他被任命為秦王府車騎將軍，隨後更是一心追隨李世民打天下；房仁裕不僅是一名能征善戰的驍將，也是房玄齡的族叔。

攻破洛陽後，房玄齡為李世民籠絡了李玄道。李玄道本是隴西人，居於鄭州，世代為山東冠族，是著名的文學家，在當時具有強大的影響力。隴西李氏與清河房氏數為婚姻，

房玄齡之叔祖房子曠即房仁裕之父，就娶了隴西李氏為妻，這樣算起來，房玄齡也是李玄道的親戚。當時，身為山東地域勢力的代表，擁有無比聲望的「五門七姓」高門士族必然是唐政權拉攏的對象。「五門七姓」，即李世民繼帝位後定氏族事件中所說的山東崔、盧、鄭、李、王五姓，隴西李氏、趙郡李氏即其中的李姓。而李玄道正是隴西李氏的代表人物，房玄齡當然要把他拉入李世民的陣營。於是，李世民聽從了房玄齡的舉薦，任命李玄道為秦王府主簿、文學館學士。

房玄齡為李世民結納的人物還有杜如晦的叔父杜淹，目的是防止他投向李建成陣營。因此，結納人才是房玄齡在李世民平定天下時期所立下的最大功勞。

正是在房玄齡的極力推薦和拉攏下，李世民周圍聚集起一批著名的智囊人物。李世民設立了文學館，以收羅四方文士，著名的秦王府十八學士由此形成，在歷史上大顯光彩。十八學士包括：杜如晦、房玄齡、于志寧、蘇世長、薛收、褚亮、姚思廉、陸德明、孔穎達、李玄道、李守素、虞世南、薛允恭、顏相時、許敬宗、薛元敬、蓋文達、蘇勖。文學館實際上是李世民政治上的顧問決策機構。人才興，國運興。在李世民征戰沙場、策劃玄武門事變及創建貞觀之治的偉業中，他們做出了傑出的貢獻。

［宋］劉松年《十八學士圖》（局部）

　　在跟隨李世民削平群雄的戰爭中，房玄齡不僅收納人才，還注意蒐集各地民情、圖籍文書。李世民攻下洛陽後，房玄齡當即想到要把隋王朝留下的圖籍保存起來，以備將來治國之用。隨著形勢的發展，身為秦王府記室的房玄齡更加繁忙，秦王府事無巨細，他都要管。尤其是軍事和政治文書，最後都要由他圈定，不少文書也要他親自起草。但他井井有條，以卓越的才幹掌管著秦王府的文牘。據說當時有不少軍事文書和上奏給唐高祖李淵的表章，都是房玄齡在馬上

即興完成的，既文采優美，又順理成章。如此的才思敏捷，與他少年時家學的薰陶和十幾年的戎馬生涯是分不開的。

　　對於房玄齡的傑出才華，唐高祖李淵亦是讚不絕口。他對侍臣說道：「這個人頭腦清楚，對時勢了解透澈，足能委以重任。每當他替世民陳說事務，一定是言簡意賅並打動人心的，即使是千里之外，也好像是面對面說話一樣。」可以這麼說，好的奏章，是君臣之間相互了解的重要媒介。無疑，房玄齡是這一方面的佼佼者，他以自己出眾的才華，為李世民的政治之路減少了不少阻礙。

第二章　亂世投主襄大計

第三章
玄武謀劃定社稷

第三章　玄武謀劃定社稷

　　隨著唐初統一戰爭的節節勝利，以李淵為首的統治集團內部矛盾日益加劇，終於導致了玄武門之變。此次事變是唐太宗政治生涯的轉折點，此後，他取得了皇位的繼承權，鋪平了登上皇帝寶座的道路。房玄齡在玄武門事變的謀劃中發揮了至關重要的作用。

第一節　東宮和秦府對壘的嚴峻形勢

　　以李世民為首的秦府和以李建成為首的東宮之間的明爭暗鬥，構成了武德後期政治舞臺上的主要矛盾。雙方採取種種手段，打擊對方，壯大自己，其影響波及後宮、外廷和地方等三個方面，呈現了錯綜複雜的形勢。

（一）皇位之爭的由來和惡化

　　唐王朝建立以後，最高統治集團內部爭權奪利的鬥爭日益激烈，主要表現在皇位之爭。李淵建唐後，將長子李建成冊立為太子，三子李元吉也站在太子李建成一邊；因次子李世民戰功顯赫，他也給予特殊禮遇，加號「天策上將」，位在一切王公之上，李世民的「天策府」可以自署官吏，實際上已形成一個獨立王國。雙方勢力的同時增大，必然會引起政治上的鬥爭。李建成對李世民的功勞、威望及實力產生了

極大疑慮；而李世民不斷發展壯大自己的勢力，也加速了這種鬥爭的激化。事情終於發展到不可調和、劍拔弩張的地步：有一天，李世民從李建成處宴飲而歸，竟發現自己食物中毒，心中暴痛，吐血數升。這引起了秦王府的極大驚慌，大家都感受到直接衝突是不可避免了，李世民積極召集謀士們準備對策。

（二）尋找支持 壯大實力

李建成和李世民，除了在大臣中各自尋找支持者外，還千方百計地打擊或者收買對方的官屬。例如，武德七年（西元六二四年），李建成企圖剷除秦府猛將程知節，暗中透過李淵把他調為康州刺史。武德九年（西元六二六年），李建成用金銀器帛等收買秦府將領尉遲敬德、段志玄、李安遠等，但都遭到了嚴詞拒絕。此計不成，又生一計，李建成又在李淵面前挑撥、揭發，讓李淵把房玄齡、杜如晦逐出秦王府。同樣，李世民也積極地在東宮官署中進行策反，先後把李建成手下的將領常何、太子率更丞王晊等拉了過來。

一邊是全力攻擊，一邊是見招拆招，雙方的鬥爭步伐都加快了。不久，突厥入侵邊境，太子府經過一番密謀，決定利用這次機會除掉李世民。得知消息的李世民在眾人的提議下，再也坐不住了，他決定先下手為強。

第三章　玄武謀劃定社稷

　　面對著皇位繼承方面的矛盾，李淵也無力掌控。太子和秦王，當時可謂勢均力敵。歷史上的李建成，無論是晉陽起兵，還是在平定各地的戰爭中，與李世民都表現出了卓越的政治能力和軍事能力。李建成手下有魏徵、王珪等一眾人才，這些人後來都成了貞觀年間的名臣。李建成還率軍多次打退突厥的入侵，擒斬與突厥勾結的劉黑闥，平定了山東，可謂戰功赫赫，功勳卓著。成為太子之後，李建成輔佐父親李淵處理政事，培養了優秀的處理政務能力，再加上齊王李元吉的支持，更讓太子府在與秦王府的政治鬥爭中增加了政治籌碼。

第二節　玄武門之變

　　東宮與秦王府之間長期激烈的對壘，最後導致了玄武門之變。李淵所不希望看到的骨肉相殘的場面，終於演變成了血淋淋的事實。

（一）處於劣勢的密謀

　　武德五年（西元六二三年）以前，因李世民的軍功卓著，秦王府遠比東宮和齊府有優勢。但是，在之後的三年多時間裡，世民既無新的戰功，又屢遭兄弟的傾軋，秦王府就

逐漸處於劣勢了。就軍事實力而言，東宮加上齊府要比秦府強大。建成與元吉私募驍勇，多達數千人，而李世民只有八百多人。從政治影響來看，建成是太子，每當李淵外出時，總是由他留守京師主持大局，妃嬪、大臣以及各地都督依附於東宮的也相對多一些。李建成曾揚言，秦王在京師，不過是「一匹夫耳」。此話難免有些自我吹噓，但是世民在京師處於不利的地位，則是不爭的事實。

因此，在上述情況下，李世民及其僚屬都深懷憂懼。怎麼辦？面對著如此劍拔弩張的態勢，房玄齡找到了長孫無忌等人，一起商議對策。房玄齡說：「現在秦王和太子之間的嫌隙與裂痕已經生成，一旦對方暗生禍患，不光是秦王府不能保全，對於江山社稷來說也不是好事，不如我們一起，去勸秦王效仿周公，誅殺不仁，以平定天下。現在已經到了生死存亡之際，不能再猶豫不決了，情勢已經極其危急了。」長孫無忌說：「很久以前我就有這個想法了，只是一直不敢開口說，今天聽了您的話，正合我的心意啊。」房玄齡、長孫無忌和杜如晦等一致認為，只有果斷地先發制人，才能轉危為安。他們三人密謀策劃，一起勸說世民誅殺李建成、李元吉。但是不久，房、杜被李建成設謀逐出了秦府，長孫無忌就和舅父高士廉以及秦府將領侯君集、尉遲敬德等人繼續勸說李世民。

第三章　玄武謀劃定社稷

長孫無忌像

房玄齡在此之前曾提出，秦王功蓋天地，應當繼承唐的大業。有個道士名叫薛頤，也預言李世民會得天下。正是在這種強烈的奪嫡圖謀的驅使下，李世民及其府僚發動了玄武門之變。

一天，世民召集長孫無忌、高士廉、尉遲敬德、侯君集、張公謹等人，向他們提出了一個嚴重的問題：「阽危之兆，其跡已見，將若之何？」意思是，現在人為刀俎我為魚肉，已經是在刀板上了，該怎麼辦呢？大家一致認為，形勢危急，禍在朝夕，唯一的出路是先下手為強。尉遲敬德鼓動說：「王今處事有疑，非智；臨難不決，非勇。」這是激將法。李世民又祕密召回重要幕僚房玄齡和杜如晦，共計事宜。可見，李世民對於發動政變是既謹慎又堅決，所以更要深思熟慮。細查密謀的全過程，秦王李世民是主導者，房玄齡等是出謀策劃者。

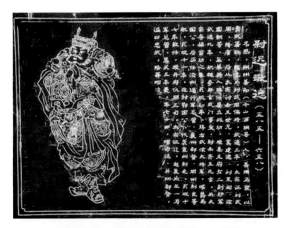

陝西禮泉縣昭陵陵區 尉遲敬德簡介、刻像

（二）玄武門之變

經過周密策劃，秦王李世民決定在京城玄武門伏殺太子李建成和齊王李元吉。

玄武門即宮城北門，地理位置非常重要，是中央禁衛部隊屯守之所。當時負責守衛的將領為常何。據常何的墓誌銘記載，他在武德五年（西元六二二年）底跟隨李建成討平河北，即平定劉黑闥第二次起兵的戰爭。武德七年（西元六二四年），常何已被秦王李世民收買，擔負玄武門的守衛之事。但李建成一直沒有覺察，還以為常何是自己的舊屬，所以京城軍事要地仍是屬於自己的勢力，沒起什麼疑心。為慎重起見，以確保此戰的勝利，李世民還收買了駐守玄武門

第三章　玄武謀劃定社稷

的其他一些將領，如敬君弘、呂世衡等。應該說，由於客觀原因，在京城處於劣勢的李世民，收買玄武門駐守將領，的確是老謀深算、技高一籌，同時也說明了秦王府中以房玄齡為首的智囊團計謀的高超。

武德九年（西元六二六年）六月三日，當完成了政變的部署之後，李世民向父親李淵密奏李建成和李元吉「淫亂」後宮，並且剖白自己說：「我從來不敢辜負自己的兄弟，他們現在想要殺我，難道是因為我平定了王世充、竇建德一事嗎？如果我枉死，永遠地離開了您，即使到了地下，我也恥於見他們。」為什麼這麼說呢？李世民是想說自己只是因為平叛之功而被猜忌，如此，就可以把相互殘殺的責任全部推到建成與元吉的身上了。李淵一聽，十分驚訝，決定第二天把他們兄弟三人全部召來問個明白。

六月四日，李淵召集裴寂、蕭瑀、陳叔達等人。在三個兒子到來之前，李淵和大臣們還一直在太極宮中泛舟遊玩，並沒有預料到事態的嚴重性，以為這次跟以往兄弟之間的爭吵差不多。然而，他們不知道的是，李世民已經透過常何的關係，率領長孫無忌、尉遲敬德、侯君集、張公謹、劉師立、公孫武達、獨孤彥雲、杜君綽、鄭仁泰、李孟嘗等人伏兵於玄武門。

蕭瑀像

這個消息卻被後宮的張婕妤探知了，她立刻向太子李建成報告。於是，李建成馬上找來李元吉商量。李元吉也嗅到了危險的氣息。他提出：「最好是約束住我們自己的士兵，然後您就聲稱自己生了病，不能入宮見父皇，然後觀望事態的發展情況。」李建成卻在這決定成敗的生死關頭大意了，他說：「我已經安排好了，各方面的防守都很嚴密，我們一起進宮去詢問消息吧。」看來，李建成早已對京城的軍事力量私自做了充分準備，而且以為舊屬常何在玄武門把守，不會出現什麼問題，所以沒有採取必要的應急措施，就信心滿滿地和元吉一道進宮。一行人到了臨湖殿，才發現形勢有點反常，正想打道回府，李世民猛然出現，讓他們措手不及，李建成被一箭射死。尉遲敬德又帶領七十騎奔馳而來，射殺了李元吉。

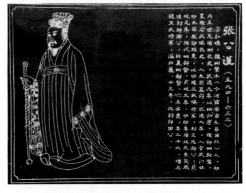

陝西禮泉縣昭陵陵區 張公瑾簡介、刻像

第三章　玄武謀劃定社稷

　　不多久，東宮與齊府的兩千多人結陣猛攻玄武門，張公謹緊閉大門，將對方拒之門外。原本屯守玄武門的一些將士採取觀望的態度，認為事情發展的結果尚不可知，但是玄武門屯營將領敬君弘早已被李世民所收買，他奮不顧身，英勇作戰，獻出了寶貴的生命。正當戰鬥激烈進行的時候，李世民的妻子長孫氏也站出來勉勵將士奮勇直前。同時，長孫氏的舅舅高士廉也率眾趕來，與李世民合力進擊。總之，在秦府僚屬的全力抗擊下，玄武門始終掌握在李世民手裡。這是他們取得勝利的一個重要因素。

　　接著，東宮、齊府的部隊又開始進攻秦王府，一時之間，秦王府危急。因為就兵力而言，李世民與秦王府的將領大多集中在玄武門，秦王府中雖有房玄齡、杜如晦等人守著，但畢竟力量單薄，萬一失守，就會功虧一簣。所以，大家驚恐不已。這時，尉遲敬德出了個好主意，他將建成和元吉的首級展現在東宮、齊府將士面前。那些將士看到自己的主人已經人頭落地，便沒了鬥志，紛紛潰散。

　　隨後，尉遲敬德身披鎧甲，以「保護」的名義，將事情上奏李淵。事已至此，李淵只能寫下了手諭，命令所有的軍隊一律聽秦王的處置，同時派黃門侍郎裴矩到東宮曉諭諸將卒，事變最終平息下來了。三天後，李世民被立為太子，自此，凡軍國事務，皆由李世民處理。兩個月後，李淵退位，李世民登基為帝。

（三）如何看待玄武門之變？

事變前夕，房玄齡就把策劃誅殺說成是「遵周公之事，外寧區夏，內安宗社，申孝養之禮」，意思是在玄武門伏擊太子等人，是為了安定天下，是符合禮法的。事隔十幾年，唐太宗讀國史，見史書對於當日之事多有隱諱，便對房玄齡說：「遙想當年，周公誅殺管蔡之亂，使周王朝得到了安定，我的做法與周公是一樣的，目的也是安定江山社稷，有利於百姓生活。你們修史書的時候，何必隱諱呢？應該直書其事才對。」他無非想證明伏殺兄弟是正義的事情，而不是出於爭權奪利。玄武門之變，在唐朝歷史上具有劃時代的意義，成就了一代明君唐太宗。

李世民被立為太子後，就以宇文士及為太子詹事，長孫無忌、杜如晦為左庶子，高士廉、房玄齡為右庶子，尉遲敬德為左衛率，程知節為右衛率，虞世南為中舍人，褚亮為舍人，姚思廉為洗馬。這樣，就組成了以太子李世民為首的決策機構。除宇文士及外，長孫無忌和高士廉是親

虞世南像

戚，其他都是秦府武將或者學士，而且大多為玄武門事變的勝利做出過重要貢獻。

（四）策劃實施玄武門之變有功 房玄齡功為一等

　　李世民繼位後，為了表彰在事變中做出貢獻的文臣武將，依據貢獻大小，評定獎勵等級。在評定勛臣時，發生了這樣一件事情。

　　一天，太宗與群臣當面議定長孫無忌、房玄齡等人的爵位與田邑，命陳叔達在宮殿下唱名公布。李世民說：「對於你們的功勞賞賜，我的評定不一定妥當，你們可以各自申明。」於是，將領們紛紛爭功，議論不休。

　　李世民的堂叔淮安王李壽說：「我在關西起兵，首先響應義旗，而房玄齡、杜如晦等人不過代人作文，現在論功卻在我之上，我感到有些不服。」

　　秦王府的舊僚屬沒有升官的，也都抱怨說：「我們在陛下身邊做事也有好多年了，現在授官，反而排在前太子東宮、齊王府人員的後面。」

　　太宗說：「帝王大公無私，所以能使天下人心服。我與你們平日的衣食，都取自民眾，因而設官員分職守是為了民眾，應當選擇賢才加以任用，怎麼能以新人舊人作為選用的先後順序呢？如果新人賢能，故舊不如，怎麼可以捨棄新人而選取故舊呢！現在你們不論其是否賢能而只管抱怨，這哪是治理國家之道？」

　　太宗又對堂叔李壽說：「剛起事時，叔父雖然首先舉兵

響應，那也是自謀擺脫災禍。到竇建德攻占山東，叔父全軍覆沒；劉黑闥再次糾結餘部，叔父望風敗逃。房玄齡等人運籌帷幄、決勝千里，不移居處而江山得安，論功行賞，當然應該在叔父之上。叔父您是皇家至親，我對您確實無所吝惜，但絕不可把我的恩義與開國功臣混淆起來同等獎賞。」

　　將領們這才互相說：「陛下至誠公道，即使對淮安王也不徇私情，我們這些人怎麼能不安本分呢？」於是都心悅誠服。

　　李世民雄才大略，虛己納諫，不僅對自己秦王府的人量才使用，而且能重用政敵幕僚如魏徵等，使其成為自己的重臣。

　　房玄齡參與玄武門之變的策劃、實施，幫助李世民謀得帝王之位，被李世民稱讚有「籌謀帷幄，定社稷之功」。論功行賞，李世民以房玄齡、長孫無忌、杜如晦、尉遲敬德、侯君集五人功為一等。房玄齡因功晉爵為邢國公。

侯君集像

第三章　玄武謀劃定社稷

第四章
玄齡為民創盛世

第四章　玄齡為民創盛世

武德九年（西元六二六年）七月，朝廷任命高士廉為侍中、宇文士及為中書令、蕭瑀為左僕射、封德彝為右僕射、長孫無忌為禮部尚書、杜如晦為兵部尚書，這就為李世民正式繼位做了必要準備。貞觀元年（西元六二七年），封德彝死後，由長孫無忌補為右僕射。貞觀二年（西元六二八年）正月，無忌主動辭職，

李世民像

杜如晦以檢校侍中之職兼任吏部尚書，李靖任檢校中書令。同年十二月，李世民又把原東宮舊屬王珪提拔到相位上來。貞觀三年（西元六二九年）二月，李世民任命房玄齡為尚書左僕射、杜如晦為尚書右僕射、李靖為兵部尚書、魏徵守祕書監。經過幾年的調整，至此，唐太宗完成了最高決策集團的重建，房玄齡也開始了鞠躬盡瘁輔佐太宗、開創「貞觀盛世」的壯麗人生畫卷。

第一節　整頓吏治　精簡官吏

　　唐承隋制，沿襲了隋朝的三省六部制。三省即尚書省、中書省和門下省。尚書令、中書令與侍中就是宰相，因唐太宗即位前曾任尚書令，故貞觀時期尚書令不實授，左右僕射即為宰相。由於充分發揮了三省決策、封駁和執行的作用，貞觀時期的政令措施比較符合實際。

（一）精簡機構　合併州縣 —— 奠定臺閣規模

　　唐太宗即位之初，首先面臨的是中央朝廷和地方政府行政機構存在的規模龐大、雜亂無章和效率低下等問題。唐高祖李淵在初創唐室、平定天下、統一四方的過程中，出於收攬人心的需要，大封皇族、外戚和功臣。對於新收復的地區，他又新設了許多州縣、封官命爵，作為對有功之人的犒賞。到他退位的時候，州縣的數目已達隋朝的兩倍多。再加上隋末亂離之後，各地士大夫多不願仕進，唐王朝建立之初，一時官員不足，於是朝廷命令各州縣動員人才赴京候選，最多的一次集中了七千多人，造成長安的糧食難以供給，不得不分一批人到洛陽去候選。而州縣長官及朝廷派出的使者，又常常以空白文書臨時授任官員，導致官僚隊伍太過膨脹，國家財力難以承受，面臨極大困難。

第四章　玄齡為民創盛世

貞觀元年（西元六二七年），唐太宗李世民與宰相商議，確立了「官在得人，不在員多」的方針，並責成房玄齡裁併機構，精簡官員。房玄齡雷厲風行，工作很有成效，精簡之後，留任的中央機構文武京官官員僅為六百四十三人。

同時，在房玄齡的主導下，朝廷對全國行政區劃進行了大規模的調整，裁撤合併了

《四庫全書》本《資治通鑑》書影

許多州縣，設置了關內、河南、河東、河北、山南、隴右、淮南、江南、劍南、嶺南十道，分統全國六十州。後來，又將州刺史的任命收歸皇帝，縣令人選由五品以上的京官向朝廷推薦。這一措施確保了地方官員的專業，提高了地方機構的行政效率，加強了中央對地方的控制；同時，也相應地提高了地方官員的聲望和地位，在一定程度上扭轉了長期以來地方官職得不到重視的局面。

合併州縣與精簡官員雖是兩件事，但性質相同。只有透過機構改革，才能有效減省中央、郡縣官員的員額，才能有效防止官員人數的再度膨脹。房玄齡受命精簡機構，合併州

縣，不僅為唐太宗時代節約了政府開銷，降低了政府管理成本，也為唐朝制定了基本的制度，為唐朝後來的繁榮發展奠定了良好的基礎。所以，房玄齡在貞觀元年完成的這兩件大事，其意義之重大不言而喻。

（二）理順三省職能 隨才授任

貞觀三年（西元六二九年），房、杜二人在李世民的安排下，對尚書省的運作進行了「抓大放小、權分有司」的改革，尚書省的日常事務由左、右丞負責處理，而僕射則專心於人才選拔、參與政事決策。於是，房玄齡在唐太宗的主導下做了兩件大事：一是理順三省職能；二是確定「隨才授任」的考選標準。

關於理順三省職能，首先確定尚書僕射的主要職責之一為「廣求賢人」，主要是選出可以獨當一面的中書、門下負責人，而不是那些只會寫錦繡文章的庸才，這才是唐太宗希望房玄齡所率領的尚書省真正應該做到的；其次，確定尚書省為執行機構，要求他們能「開物成務」，即能創造性地完成上級交給的任務，這樣就形成了宋人胡致堂所總結的三省職能的區分：「中書出令，門下審駁，分為兩省，而尚書受成，頒之有司」，也就是現在我們所認知的，中書起草詔書，門下審核詔書，尚書執行政令。這樣，三省職能的劃分

第四章　玄齡為民創盛世

明確了。在這個過程中，尚書省原有的決策權利被轉移給門下省。於是，門下省轉變為三省的核心。在三省職能重新界定後，決策、監察、執行機構既三權分立，又相互合作，達到了良好的執政效果。

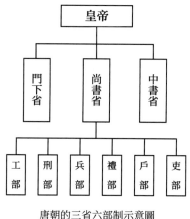

唐朝的三省六部制示意圖

　　尚書省負責「隨才授任」工作的職能部門是吏部。唐太宗認為，這才是尚書省長官左右僕射的主要工作。在唐代官員的考課標準中，比較幸運的是，展現了「德才兼備」的原則。貞觀三年（西元六二九年）年初，李世民要求房玄齡、杜如晦二人將主要精力集中於「隨才授任」的選人工作。

　　貞觀元年至貞觀三年，是「房謀杜斷」輝煌的三年，也是貞觀之治良好開局的三年，更是奠定大唐官府運行機制的三年。

（三）薦用人才「隨能收敘」

如前所述，在李淵父子攻破長安後，房玄齡把朋友杜如晦引薦過來，李世民任命杜如晦為兵曹參軍，地位高於房玄齡。被房玄齡看重和舉薦的人才，還有李大亮、司馬才章、蕭鈞等。房玄齡不僅積極推薦和任用人才，而且在薦用人才時採取「隨能收敘」原則。

貞觀二年（西元六二八年），太宗向侍臣們明確表示了他用人的標準：「為政之要，唯在得人。用非其才，必難致治。今所任用，必須以德行、學識為本。」貞觀三年（西元六二九年），房玄齡在僕射任上，唐太宗對房玄齡的要求是「廣求賢人，隨才授任」。對於「廣求賢人」，房玄齡本人所堅持的原則是「不以求備取人，不以己長格物，隨能收敘」，即不分親疏，不論身分地位，只要有才能，就能根據其人的才能進行任用。

房玄齡「隨能收敘」最典型的例子，應為其自領度支一事。「度支」的原意是量入為出。唐代官制規定，戶部的度支司掌管國家的財政收支，郎中和員外郎分掌收入與支出，戶部侍郎則負責檢查。戶部可以說是唐代最高的會計主管部門，但凡國家的種種賦稅收支、市場平衡、交通運輸、軍費開支等等，都由戶部統籌規劃。它集國計民生於一身，地位重要，責任重大，必要有一番精心的預算，才能使國庫運轉

第四章　玄齡為民創盛世

順利。在當時尚書省下轄的各部裡，戶部的工作最為繁瑣，而度支一職更是一度無人肯擔任。貞觀十三年（西元六三九年），房玄齡一時找不到合適的人選接任度支一職，他寧肯出缺，也不願意濫任非人，無奈只好自己兼任，親自守護大唐國庫。

玄齡自兼度支一職，說明他博學多才，不僅擅長文史，而且對於財務也非常精通。對此，宋元之際的文學家胡三省評論說：「國之大計所關也。玄齡審官求賢，未得其人，故自領之。唐中世以後，宰相多判度支，蓋昉於此。」

房玄齡「隨能收敘」的另一個例子是李緯改任一事。貞觀二十一年（西元六四七年），唐太宗在行宮任命李緯為戶部尚書。當時，房玄齡在長安留守，沒有隨行。正好這一天有個從京師來的官員拜見太宗，於是太宗詢問來人：「宰相房玄齡聽說了我任命李緯為戶部尚書的事之後，是怎麼說的？」來人說：「宰相沒說別的，只是說李緯的鬍子比較美。」唐太宗聞弦知音，立即反應過來，知道房玄齡認為李緯不適合擔任戶部尚書一職，於是馬上改授李緯為洛州刺史。房玄齡以巧妙的方式，表達了對李緯的能力不足以擔當戶部尚書這個職位的看法，可見他識人的本領之高超。

房玄齡有著令人驚嘆的辦事效率和實踐能力，並且他選拔的人才大都是實用性人才，有著極強的執行力，可以高效地實

施朝廷的方針，令行政效率與效果呈現了欣欣向榮的局面。

　　唐太宗在位期間，朝廷全部官員只有六百四十三人。房玄齡做了二十二年的宰相，以他為骨幹的高度精簡的行政機構，善於處理各種繁雜的日常行政事務，支撐起朝廷的日常運轉。

[明] 徐仲和
〈臨閻立本畫唐太宗納諫圖〉

（四）否定功臣世襲

論功封賞的提出

　　唐太宗即位後，為了改善武德年間濫封宗室與濫賞功臣的弊病，確立了論功分封與行賞的方針，採取了以下兩個措施：一是限制宗室分封，將宗室疏屬降爵，主要是因其無軍功，充分展現了唐太宗的軍功政策；二是對功臣的封賞實行等級化。唐太宗即位初，對在玄武門之變及統一戰爭中立過功勳的文臣武將進行封賞。武德九年（西元六二六年）九月，封房玄齡、長孫無忌、尉遲敬德、杜如晦、侯君集為國公。十月，「庚辰，初定功臣實封有差」，即按功勞大小、劃分等第實封，疏遠不遺、微賤不漏。按《舊唐書》記載：長孫無忌、王君廓、尉遲敬德、房玄齡、杜如晦等五人食邑

第四章　玄齡為民創盛世

一千三百戶。

貞觀元年（西元六二七年）和貞觀五年（西元六三一年），太宗數次提出封建王侯，由於遭到群臣的反對而未能實現。

世襲刺史的頒詔及其廢止

封國制度雖然沒有實行，但是唐太宗並不死心，於貞觀十一年（西元六三七年）六月正式頒詔，以荊州都督元景為首，封二十一個個親王為世襲刺史。詔令指出：「封藩屏以輔王室」的目的是使唐王朝長治久安。為此，必須實施「共治之職」、「分土之實」，並以「其所任刺史，咸令子子孫孫承襲」。過了不久，又頒詔趙州刺史長孫無忌、房玄齡等十四位功臣為世襲刺史。

貞觀十一年（西元六三七年），唐太宗下令分封諸位功臣為世襲刺史，據《全唐文》卷六記載，詔曰：

「周武定業，胙茅土於子弟；漢高受命，誓帶礪於功臣，豈止重親賢之地，崇其禮秩，抑亦固磐石之基，寄以藩翰。魏晉已降，事不師古，建侯之制，有乖名實，非所謂作屏王室，永固無窮者也。隋氏之季，四海沸騰，朕運屬殷憂，戡翦多難。上憑明靈之祐，下賴英賢之輔，廓清宇縣，嗣膺寶曆，豈予一人，獨能至此！時迍既共資其力，世安而專享其利，乃睠於斯，甚所不取。但今之刺史，即古之諸侯，雖立

名不同，而監統一也。故申命有司，斟酌前代，宜條委共理之寄，象賢存世及之典。司空齊國公無忌等……並策名運始，功參締構，義貫休戚，效彰夷險，嘉庸懿績，簡於朕心，宜委以藩鎮，改賜土宇。無忌可趙州刺史，改封趙國公；尚書左僕射魏國公玄齡可宋州刺史，改封梁國公；故司空蔡國公杜如晦可贈密州刺史，改封萊國公；特進代國公靖可濮州刺史，改封魏國公；特進吏部尚書許國公士廉可申州刺史，改封申國公；兵部尚書潞國公侯君集可陳州刺史，改封陳國公；刑部尚書任城郡王道宗可鄂州刺史，改封江夏郡王；晉州刺史趙郡王孝恭可觀州刺史，改封河間郡王；同州刺史吳國公尉遲敬德可宣州刺史，改封鄂國公；并州都督府長史曹國公李勣可蘄州刺史，改封英國公；左驍衛大將軍楚國公段志玄可金州刺史，改封褒國公；左領軍大將軍宿國公程知節可普州刺史，改封盧國公；太僕卿任國公劉弘基可郎州刺史，改封夔國公；相州都督府長史鄖國公張亮可澧州刺史，改封鄖國公。餘官食邑並如故，即令子孫奕業承襲。」

　　模擬周漢封國土、建諸侯的措施，唐太宗頒下親王、功臣世襲刺史的詔敕。但由於功臣後代存在賢惠不一、孩童嗣職等情況，往往會導致嚴重後果，所以遭到監察御史馬周和太子左庶子于志寧的有力反對，唐太宗只得暫緩實行，但是並未下詔停封世襲刺史。真正使唐太宗下決心停止的是受封功臣的普遍反對。當世封功臣的詔敕頒下後，侯君集轉授

第四章　玄齡為民創盛世

陳州刺史，其他功臣也有些改變原先虛設或實任的封地，致使群臣不願受封。房玄齡從國家的統一、社會的安定大局考慮，對世襲刺史策略持明確的反對態度，於是他和資深功臣長孫無忌聯名上表，反對世襲刺史，並於貞觀十三年（西元六三九年）二月向唐太宗遞交了表文：

「臣等聞質文迭變，皇王之跡有殊；今古相沿，致理之方乃革。緬唯三代，習俗靡常，爰制五等，隨時作教。蓋由力不能制，因而利之，禮樂節文，多非己出。逮於兩漢，用矯前違，置守頒條，蠲除囊弊。為無益之文，罩及萬方；建不易之理，有逾千載。今曲為臣等，復此奄荒，欲其優隆，錫之茅社，施於子孫，永貽長世。斯乃大鈞播物，毫髮並施其生；小人逾分，後世必嬰其禍。何者？違時易務，曲樹私恩，謀及庶僚，義非僉允。方招史冊之誚，有紊聖代之綱。此其不可一也。又臣等智效罕施，器識庸陋。或情緣右戚，遂陟臺階，或顧想披荊，便蒙夜拜。直當今日，猶愧非才，重裂山河，愈彰濫賞。此其不可二也。又且孩童嗣職，義乖師儉之方，任以襄帷，寧無傷錦之弊。上干天憲，彝典既有常科，下擾生民，必致餘殃於後，一掛刑網，自取誅夷。陛下深仁，務延其世，翻令剿絕，誠有可哀。此其不可三也。當今聖歷欽明，求賢分政，古稱良守，寄在共理。此道之行，為日滋久，因緣臣等，或有改張。封植兒曹，失於求瘼，百姓不幸，將焉用之。此其不可四也。在茲一舉，為損實多，曉夕深思，

憂貫心髓。所以披丹上訴，指事明心，不敢浮辭，同於矯飾。伏願天澤，諒其愚款，特停渙汗之旨，賜其性命之恩。」

　　唐太宗無奈，同時也明白，房玄齡等人的主張確有合理之處。誠然，功臣世襲制度具有很大的弊端，容易造成君輕臣重、幹弱枝強的缺陷，將導致朝政紊亂、紀綱不修、百姓不幸。由於房玄齡、長孫無忌、馬周、于志寧等眾多大臣的反對，唐太宗於貞觀十三年（西元六三九年）二月詔停世封刺史。從詔頒世封刺史到詔停世封刺史，說明唐太宗實行世封的決心化為烏有了。這在唐朝吏治史上，是一個巨大的進步。

第二節　建章立制　修訂法令

（一）《貞觀律》制定的背景、內容及意義

確立寬仁慎刑的立法原則

　　經過隋末農民大起義的疾風暴雨，唐初統治者撥亂反正，吸取了隋亡的教訓，多次進行律令修訂，以調整階級關係，鞏固封建統治。李淵晉陽起兵時，為了爭取群眾支持，即頒布寬簡易知的律令，武德七年（西元六二四年）又正式頒行新律令，即《武德律》。

第四章　玄齡為民創盛世

魏徵像

唐太宗即位後，力圖完善《武德律》，指示群臣討論致治與立法的原則。當時，出現了寬嚴兩種截然不同的主張，其中主張以威刑嚴法作為立法治本的是封德彝，而主張以慎刑寬法作為制法依據的則是魏徵、房玄齡等。這場爭論涉及唐初立國政策與立法原則的分歧。

經過論辯，唐太宗採納了魏徵、房玄齡等人的建議，以「王政」來代替隋末暴政，進一步發展了李淵的寬仁思想，反映在立法思想上的變化就是「仁本、刑末」，即寬仁立法。用魏徵的話來說，「仁義，理之本也；刑罰，理之末也」，應該專心地崇尚仁義，謹慎地利用法典。

唐初這種寬仁慎刑思想的產生，絕不是偶然的。唐初統治者親身經歷了隋末暴政所造成的「百姓怨嗟，天下大潰」的局面，一方面對農民戰爭深深誡懼，另一方面則認真總結隋亡的經驗教訓，因而提出了「寬仁」的主張。隋朝的滅亡根源於對人民的殘酷壓迫和剝削，陡然激化了階級矛盾，導致農民起義。唐太宗與房玄齡等大臣在討論的過程中，也以

秦二世酷法亡國引以為戒，而秦二世而亡與隋煬帝而亡十分相似。唐太宗君臣關於酷法亡國的立論，反映了他們對秦、隋煬帝而亡的驚懼心理，從而促使他們更加嚴謹地採取治國策略，更加慎重地制定刑律。

《貞觀律》的修訂

確立了慎刑的主要核心概念後，房玄齡就著手進行律令的修訂。貞觀元年（西元六二七年）正月，唐太宗任命房玄齡、長孫無忌和一批律法專家，本著「意在寬平」的精神修改法律。此後，依據唐太宗提出的「寬簡」、「平允」、「畫一」的三大修法原則，在房玄齡的主導下，修律人員在《武德律》的基礎上，展開了長達十年的修法工作。

貞觀十一年（西元六三七年），《貞觀律》頒行天下，共十二篇，五百條。《貞觀律》對《武德律》的改動包括：第一，廢除斬趾酷刑，增設加役流；第二，大大減少了舊律中重刑條款的數量；第三，縮小了族刑、連坐的範圍；第四，確立了五刑、十惡、八議、請、減、贖、當、免及化外人有犯、類推、死刑復奏等基本原則和制度。

這是一部充分展示道德關懷的法律。首先，相對於以往的法律來說，《貞觀律》將嚴刑苛法削減了超過三分之一。比起隋王朝的法律，死刑減少了九十二條，流刑改徒刑七十一條，把重刑改輕刑的條文則不計其數。在修訂的過

第四章　玄齡為民創盛世

程，唐太宗與大臣們還進行過一次廢除死刑的議論。當時，唐太宗提出，能不能廢除死刑？有官員提出，可以割斷犯人的手指頭、腳指頭來代替死刑。也有人提出，可以把罪犯流放到一個荒無人煙的地方，讓他與外世隔絕，讓他思親不得見，讓他覺得生不如死。雖然《貞觀律》仍保有死刑，但從這個故事可以看出，在修訂法律的過程中，唐太宗所秉持的寬厚原則。

同時，在《貞觀律》的修訂過程中，也希望能引導並形成良好的社會風氣。在古代，講究「父為子隱，子為父隱」，親人之間如果相互隨意檢舉，必然會破壞親情，影響家庭關係，並進而影響社會風氣。有人問，如果有人謀反，難道親人也可以不告發嗎？唐太宗說，即使有人謀反，我們也不應該主張親人之間互相告發，而應該由別人去檢舉。立法上必須這麼規定，才能造就和諧的親情關係。由此，房玄齡提出，舊法規定：兄弟分家各居時，有人受封，另外的兄弟不相及；而有人謀反，則另外的兄弟皆連坐死。孫子可以因襲祖父的官爵；而祖父犯罪，孫子則被流放。這些都不符合情理。因此，無論是依據禮法還是依據人情來看，兄弟連坐的法令應該修改，將死刑改為苦役。唐太宗對於房玄齡的提議深以為然，欣然批准。

《貞觀律》的頒定，使天下稱讚。此前法律上的繁瑣和

弊端被一一刪除或改訂，人民得到實惠。好的法律是國家長治久安的基礎，《貞觀律》就是一部好法律。可以這麼說，它為貞觀年間社會穩定發展、百姓休養生息、國力持續強盛，打下了良好的基礎。

　　不僅如此，《貞觀律》也是一部承上啟下、影響深遠的法律。《貞觀律》以隋《開皇律》作為藍本，又是《武德律》的進一步完善，並成為五代、宋、元、明、清制定律典的依據。唐高宗永徽初年，長孫無忌領銜，又在《貞觀律》的基礎上修訂出《唐律疏議》。《貞觀律》與《唐律疏議》的頒行，是封建法制史的大事，奠定了封建刑法的規範。

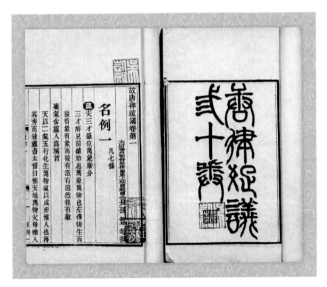

《唐律疏議》書影

第四章　玄齡為民創盛世

唐太宗還指示房玄齡修訂了一系列的法令，有令、格、式三種類型，同律相輔而行，在更廣泛的範圍內規範社會生活。可惜，當時制定的令、格、式多數已散佚。近代雖在敦煌石室發現《水部式》與《唐職官令》，但都殘破不全。《唐律疏議》中也保存了一部分令、格、式條文。因此可以說，《貞觀律》及《唐律疏議》是綜合性的大法。

《貞觀律》的特點

《貞觀律》是在唐太宗親自參與下、由房玄齡等大臣主導制定的，是一份寶貴的法學遺產，在法學史上具有重要意義。就其立法準則來說，具有以往少見的完善性能。以下三點，尤其值得我們注意。

首先，注重劃一性。

唐太宗曾面對群臣，讚揚制法「劃一」的蕭何，將蕭何作為群臣效法的榜樣。魏徵則強調法律是「國之權衡也，時之準繩也」，指出了立法劃一的必要性。法令若不劃一，律文互出，容易造成司法漏洞。法吏在執法時，想要為一個人脫罪就引用輕罪法條，想要治一個人的罪就引用重罪法條，這樣就會造成營私舞弊，引起司法不公正。因此，立法的劃一性是保證量刑準確性的前提，可以避免畸輕畸重的斷案，利於採取罪行法定形式。據此，唐太宗告誡立法者，一定要制定好細則，千萬不要出現矛盾的條文；要求執法人員在判

案時，一定要以律令為基準，要寫清楚依據的是哪一條法令，否則執行者就要被杖打三十。「斷罪引律令」反映了唐太宗想以刑律的劃一性制約司法斷案舞弊的可能。

其次，強調穩定性。

唐太宗指出：「法令不可數變，數變則煩；官長不能盡記，又前後差違，吏得以為奸。」法不穩定，律文多變，易生繁文，導致嚴刑。同時，也使人心多惑，無所適從。多變與少變，不穩與穩定，都是互相比較而言，保持法律的穩定性必以少變或不變作為前提。唐太宗要求立法者房玄齡等審慎而行，不可輕立；既立之後，必須考慮周詳、細緻審定，以長久保持。事實證明，唐太宗確立的這個立法準則得到了認真的實踐。但是唐太宗也知道，立法要相對穩定，但並非一成不變。對某些不合時宜的條文，必須順應時勢做出適當的修改，只是應嚴格地按照修改律文的手續進行。《唐律疏議》指出，有不適用實際或不合適的法律條文，應召集七品以上的京官，集體討論議決，然後上奏裁定。修改律令權歸尚書省，批准律令權歸皇帝，二者互相掣肘，缺一不可。將修改權與批准權分立，目的也是保持立法的穩定性。

第三，注意簡約性。

唐太宗於貞觀元年（西元六二七年）下達「用法務在寬簡」的指示，貞觀十年（西元六三六年）又發出「國家法

令，唯須簡約，不可一罪作數種條」的旨意，要求將兩千多條的繁文簡化為七百條。可以說，《貞觀律》是最為簡約的律法之一，它有利於健全司法。

依據太宗的旨意，參酌古今，創造性地完成貞觀定律工作，這是房玄齡在唐朝的重要貢獻之一。在《貞觀律》的基礎上，之後形成了唐代法制律、令、格、式的構成體系，唐代的律令格式自此成為古代法制的核心。房玄齡不負唐太宗李世民厚望，為唐初法律的制定做出了重要貢獻。

（二）主持制禮

封建禮儀是維護封建統治秩序所必需的。六朝禮學尤盛，隋與唐初亦然。因為政治上的統一，封建專制集權國家的鞏固必然要求南北禮學趨向合流。隋朝時，文帝命太常卿牛弘集南北儀注，定《五禮》一百三十篇。隨後，隋煬帝在廣陵加以修訂，即《江都集禮》，集南北禮學之大成。

及至唐高祖李淵定都長安，又召用熟悉隋朝禮儀的竇威為大丞相府司錄參軍，沿襲隋禮，略加裁定。竇威定禮，被李淵贊為「今之叔孫通」。唐太宗即位後，於貞觀二年（西元六二八年）命中書令房玄齡兼任禮部尚書，請他召集一批熟悉禮的學者修改舊禮。次年，魏徵任祕書監，也參與修訂工作。經過幾年的努力，至貞觀七年（西元六三三年）《貞

觀新禮》初次修訂完畢，篇目大體上和《隋禮》相同。

由於是初次修訂，難免有不完善之處，尤其是貞觀七年（西元六三三年）以後，圍繞著封禪大典爭論激烈，意見紛紜，所以就有了重新修訂《五禮》的必要。唐太宗命房玄齡、魏徵、王珪等大臣主導修改，同時邀請一批著名學者如顏師古、孔穎達、令狐德棻、李百藥等參加，其中孔穎達發揮了重要作用。貞觀十一年（西元六三七年）三月，《貞觀新禮》修成，共計一百三十八篇，比初稿增加了八篇。唐太宗詔頒天下，說：「廣命賢才，旁求遺逸，探六經之奧旨，採三代之英華。古典之廢於今者，咸擇善而修復；新聲之亂於雅者，並隨違而矯正。」可見，《貞觀新禮》第二次修訂稿較為完備，可謂集古今理學之大成。

孔穎達像

105

第四章　玄齡為民創盛世

　　對於《貞觀新禮》的頒行，唐太宗是非常重視的。他曾高興地說：「昔周公相成王，制禮作樂，久之乃成。逮朕即位，數年之間，成此二樂；五禮又復刊定。未知堪為後代法否？」素來以「犯逆鱗」著稱的魏徵，亦一反常態，讚頌唐太宗「撥亂反正，功高百王，自開闢以來，未有如陛下者也。更創新樂，兼修大禮，自我作古，萬代取法，豈止子孫而已」。唐太宗與房玄齡、魏徵等君臣之所以如此重禮修禮，是因為禮樂適應封建專制主義統治的需要，有利於鞏固封建政權。

　　之所以出現君臣共樂於修禮的情況，是因為禮學作為封建經學的重要組成部分，能使家庭和睦、社會安定，百姓知廉恥，官吏守法紀，是協調社會關係的總法則，具有思想指導的意義。於是，以禮制約各種社會關係，成為貞觀君臣們強調的行為規範。尤其表現在以下幾個方面。

　　首先，以禮維護封建君主專制制度。唐太宗詔示大臣重視禮學，如同任何封建帝王一樣，首要目的在於維護君權的威嚴。貞觀十一年（西元六三七年）十月，即《貞觀新禮》頒發後半年，唐太宗在洛陽宮積翠池宴請房玄齡等人，就《尚書》賦詩一首：「日昃玩百篇，臨燈披《五典》。夏康既逸豫，商辛亦流湎。恣情昏主多，克己明君鮮。滅身資累惡，成名由積善。」房玄齡、魏徵等群臣紛紛響應唱和。魏

徵還根據西漢史事作詩道：「終藉叔孫禮，方知皇帝尊。」
太宗說：「魏徵每言，必約我以禮也。」可見，貞觀君臣以
禮相約，具有維護封建皇帝尊嚴的作用。

　　同時，禮對於封建等級制度來說，也是不可少的。由於
封建統治秩序的特徵是論等級、講尊卑、別貴賤，所以在禮
儀上必然要有繁瑣而嚴格的規定，包括宅第、車馬、婚嫁、
喪葬、祭祠等都上下有別、不準僭越。例如，貞觀四年（西
元六三〇年）八月，唐太宗下詔云：「常服未有差等，自今
三品以上服紫，四品、五品服緋，六品、七品服綠，八品服
青；婦人從其夫色。」

　　其次，以禮制律，刑禮相輔而行。唐太宗君臣繼承與發
展漢以來援禮入律的傳統，把禮學作為制定與修改律令的
指導方針。一部《貞觀律》，其絕大多數篇章都是按禮制定
的。正如《明史·刑法志》指出：「唐撰律令，一準乎禮，
以為出入。」也就是說，以禮之出入作為量刑定罪的標準。
值得指出的是，唐太宗還指示房玄齡以禮修改恩不相及、禍
俱株連的酷法。房玄齡「據禮論情」，修改了過去因兄弟犯
「謀逆」受株連被處死刑的條文。這是以禮制律、改死為流
的例子，說明唐初禮學與律學之間互相滲透，以刑外禮內的
形式加強了儒家禮學對律學的影響。

　　反過來，唐太宗為了維護禮學，也以法律彌補禮制的缺

陷。貞觀十一年（西元六三七年），他下詔說：「失禮之禁，
著在刑書。」意思是關於違反禮制方面的規定，都要明確地
寫在刑法典籍中。針對當時踰越喪禮而競相厚葬的風氣，他
提出嚴厲的批評：「富者越法度以相尚，貧者破資產而不逮，
徒傷教義，無益泉壤，為害既深，宜為懲革。其王公以下，
爰及黎庶，自今以後，送葬之具有不依令式者，仰州府縣官
明加檢察，隨狀科罪。」此是對「失禮」者繩之以法的例子。

　　第三，以禮作為政治準則，調整封建統治階級的內部關
係。唐太宗君臣十分強調以禮作為行為規範，合乎禮的就執
行，不合乎禮的就改正。這是貞觀時期政治生活的一個特點。

　　在唐太宗和房玄齡等君臣的倡導下，禮學結合時政，對
協調君臣關係產生了顯著的作用。房玄齡主導修訂禮制，同
時又修訂法律。在此過程中，他注重援禮入法，依法護禮，
禮法相依。在唐朝，行禮即遵法，執法就行禮，禮與法共同
制約著人們的行為，從而開創了一代禮法昌盛之世。後人對
唐朝制度的高度認可，就是對當初房玄齡貢獻的充分肯定。

（三）改革教育制度　完善育人機制

　　為了培養眾多人才，唐太宗時期也對學校制度做了某些
改革。出身書香世家的房玄齡，當然明白教育對於國家的重
要性，因此非常重視教育。身為尚書左僕射，房玄齡首先協

助唐太宗使學校教育制度逐步完備化，確立了中央、州、縣三級官學制，還十分重視對各類教師的選拔；其次，強調統一教材的選編與使用；第三，在地主階級內部儘量擴大招生名額；第四，積極接收異族異國的留學生。

房玄齡崇尚儒學，所以極力推崇孔子。李淵當皇帝時，國子學的廟堂之中，以周公為先聖，孔子配饗。房玄齡等建議停祭周公，以孔子為先聖，顏回配饗。這種觀點得到了唐太宗的認同，朝廷便下詔令執行。

在房玄齡等人的倡導下，唐朝大收天下儒士，根據他們的學識，分別予以錄用，還擴大各類學校招生。李世民多次親自到國學聽祭酒、博士講授儒學；四方儒士紛紛負書而至長安，吐蕃、高昌、新羅等少數民族酋長也派子弟進長安入學。一時之間，國子監中的學生多達萬人。唐初形成的這種教育興旺局面，與房玄齡的積極倡導有密切關係。

房玄齡還積極推薦教育人才，如經學家司馬才章，由於博涉「五經」，被推薦為國子助教。總而言之，貞觀時期，出現了學風大興的盛況。中唐傑出的大詩人劉禹錫對唐太宗的「養才之道」讚賞有加，希望「貞觀之風，粲然可復」。這種評論是對貞觀學校之盛的美好讚譽。

第三節　房謀杜斷　千古佳話

　　房玄齡與杜如晦並稱「初唐名相」，是唐太宗李世民基業草創時期的重要大臣，深得李世民信任。他們多方籌謀，為日後「貞觀之治」局面的開闢做出了不可抹滅的貢獻。

　　房玄齡和杜如晦相識於微時，也正是房玄齡將杜如晦推薦給當時還是秦王的李世民。他們一起跟隨李世民征伐四方，出謀劃策，運籌帷幄。軍隊裡的事務很多，杜如晦拿到手上，即刻分析決斷，非常迅速。

西安貞觀廣場上的「房謀杜斷」群雕

　　在奪取皇位的鬥爭中，房玄齡與杜如晦的意見更是一致，都主張李世民當機立斷，擊殺太子一黨。太子李建成對

秦王府中的房、杜二人非常忌憚，多次提及「秦王府中所可懼者，唯杜如晦和房玄齡耳」。為了削弱李世民的力量，李建成在唐高祖李淵面前造謠房、杜二人有不軌之心，將對國家不利。李淵信以為真，下令將二人調離了秦王府，並且要求他們不能與李世民私自見面。李世民決心除掉太子一黨後，立即派大將尉遲敬德將房、杜二人召回秦王府，共商大計。於是，房玄齡和杜如晦祕密出入秦王府，幫李世民拿定主意，出謀劃策，與大家一起，共同策劃了玄武門之變，誅殺了太子李建成、齊王李元吉，最終讓李世民當上了皇帝。

李世民繼位後，任命房玄齡為尚書左僕射，杜如晦為尚書右僕射。房玄齡既通曉政事，又有文才，協助李世民處理軍國事務。唐太宗經常說房玄齡對於他，就像蕭何對於漢高祖，運籌帷幄，可決勝於千里之外，有平定天下之功。的確，房玄齡性格寬厚，講求仁義，不專斷，不獨攬大權，謹慎周密，能充分聽取各方的意見。杜如晦則有應變之才，既聰明又靈活，對事務有著精準獨特的判斷能力，往往能一錘定音。房玄齡善於謀劃，杜如晦善於判斷，二人配合非常好，史稱「時軍國多事，剖斷如流，深為時輩所服」。

據《舊唐書·房玄齡杜如晦傳》記載，唐太宗和房玄齡研究國事的時候，房玄齡總是能夠提出精闢的意見和具體的辦法，但是往往很難做出決定。這時候，唐太宗就必須把杜

第四章　玄齡為民創盛世

如晦請來。而杜如晦一來，將問題略加分析，就立刻肯定了房玄齡的意見和辦法。房、杜二人，就是這樣一個善於出計謀，一個善於做決斷，所以史稱「房謀杜斷」，形容他們各具專長而又各有特色。

房玄齡與杜如晦一起選拔士人不遺餘力，一起商定決定尚書省的制度架構，一起討論，一起決策，十分投合。因此《新唐書》說：「如晦長於斷，而玄齡善謀，兩人深相知，故能同心濟謀。」當時的人說起良相，往往首推房、杜二人。兩個人既是好友，又是工作上的最佳拍檔，相處非常和諧，可以不誇張地說，「貞觀之治」的出現，他們二人居功厥偉。

貞觀四年（西元六三〇年）三月，杜如晦因病去世，時年四十六歲。太宗為他廢朝三日，以示哀悼，並令人為其作碑。房玄齡則以七十歲的高齡，於貞觀二十二年（西元六四八年）去世，死後追贈太尉、并州都督，諡文昭，陪葬昭陵。唐高宗即位後，又詔令配享太宗廟庭。「房謀杜斷」成為絕響，然而歷史不因房玄齡、杜如晦的離世而淡忘他們為歷史做出的傑出貢獻。

第四節　維護國家統一　主張和親政策

　　貞觀十四年（西元六四〇年），在廣袤的國土上形成了一個統一的多民族的國家，唐太宗是這個國家的奠基者，他在各民族中享有崇高的聲望，被譽為「天至尊」、「天可汗」，成為境內各族的共主。這和他推行了開明的民族政策是分不開的，也與他手下以房玄齡為代表的朝廷官員的得力實踐密不可分。唐太宗君臣執行的和親、團結、德化的民族政策就是開明的民族政策的生動展現。

（一）和親政策的制定

　　眾所周知，和親政策由來已久，一般是在中原王朝國勢衰微的情況下，對周邊少數民族採取的一種政治行動。比較有名的和親，就有西漢元帝時期的王昭君出塞。基於此，古代史家往往將和親政策視為中原王朝對邊疆少數民族政權屈辱妥協的代稱。但是，唐初的和親政策卻與傳統的和親政策不同，它是在大唐國勢昌盛的時期大力貫徹的。所以，它不是屈辱妥協的象徵，而是唐太宗在房玄齡等大臣的輔佐下實施開明民族政策的表現。

　　貞觀十六年（西元六四二年），唐太宗向房玄齡等大臣指出，對付薛延陀的策略是一戰二和。戰勝使之威服，自然額手稱慶；但戰爭付出的代價畢竟太大，如和親能使之感

第四章　玄齡為民創盛世

化，同樣能擴大自己實力，亦為良策。房玄齡也稱「和親之策，實天下幸甚」。

房玄齡身為太宗的左僕射、朝廷重臣，為了國家統一和邊疆穩定，積極策劃和執行和親政策。

（二）和親政策的實施

貞觀時期有為數眾多的和親與聯姻，前有與北突厥和親，後有唐蕃和親，其中影響最為深遠的當推唐蕃和親。

［唐］閻立本〈步輦圖〉（畫面描繪唐太宗接見松贊乾布派來的求婚使者的場景）

西元七世紀初崛起於西藏高原的松贊干布，是個英勇又有謀略的藏族君主，他平定叛亂、統一吐蕃、改革內政，對藏族歷史發展做出了巨大的貢獻。他積極向上，渴慕唐風，於貞觀八年（西元六三四年）遣使入唐，兩年後奉表求婚。房玄齡從民族大義出發，積極支持唐蕃和親。唐太宗於貞觀

十四年（西元六四〇年）允婚，第二年初命江夏王李道宗護送文成公主入藏，並隨帶了豐盛的嫁妝，包括釋迦牟尼像、佛教典籍、植物種子、醫藥書籍、工藝著作等。

　　文成公主的入藏，改變了吐蕃的落後面貌，有助於吐蕃經濟文化的發展。

　　首先，促進了當地農業、手工業的發展。文成公主入藏時帶去了一些穀物與蔬菜種子，還有各色工匠。高宗永徽初年，松贊干布與文成公主又向唐朝申請蠶種及造酒、造紙等工匠。於是，唐王朝的冶金、農具製造、紡織、建築、製陶、碾米、釀酒、造紙、製墨等各種技術悉數傳入西藏。藏民在漢族工匠的幫助下，學會了相關生產技術。此外，文成公主帶去的侍女也是善於紡絲織帛的能手，她們也教會了藏民紡織，促進了當地紡織業的發展。

　　其次，改變了當地落後的生活習俗。文成公主入藏以前，當地沒有製瓷技術，食器缺乏。陶瓷工藝傳入後，飲食變得便利。以前吐蕃人以氈帳作為居處，自從土木建築技術傳入後，松贊干布帶頭修建房屋。尤其是上層人物，拋棄了住帳篷的習俗。文成公主帶入華麗的綢緞後，改變了吐蕃單調的毛皮衣料，他們除了遣使長安購買絲綢外，還自己養蠶、繅絲、紡織。

第四章　玄齡為民創盛世

松贊干布迎娶文成公主圖

　　第三，對當地文化藝術與宗教的影響。文成公主入藏時帶去了一批詩書史籍，激發了吐蕃貴族學習唐王朝先進文化的興趣，促使松贊干布多次派遣貴族子弟入唐學習漢族文化禮儀。

　　唐樂也是文成公主進藏時傳入的，她帶去一支樂隊，這支樂隊擁有五十多件彈撥樂器，對藏樂產生了影響。這些樂器被藏民視為至寶，歷代相沿，密藏在拉薩大昭寺裡。

　　文成公主還帶去了佛像與佛教經典，促進了當地佛教的發展。

　　第四，促進了文字和曆法的創改。吐蕃原沒有文字，記事以刻木結繩為約。文成公主入藏後，為了適應吐蕃經濟文化發展的需要，她勸告松贊干布創制文字。於是，松贊乾布派遣貴族子弟到印度留學，參考梵文與古于闐文，製成二十

個藏文字母和拼音造句的文法。從此,吐蕃有了自己的文字,這對推動西藏文化的發展產生了重大的作用。

吐蕃原無曆法,文成公主帶去了天文曆法書籍,傳入了漢族的干支計時法。於是,吐蕃曆法家參照漢曆,創造了藏曆。藏曆以五行分陰陽配天干,以十二生肖配地支,干支配合六十年為一輪,明顯地採用了漢族干支相配的紀年法,它對藏族農牧業的發展有一定的促進作用。

第五,促進了漢藏友好關係的發展。文成公主身為漢族人民的友好使者,從貞觀十五年(西元六四一年)入藏,到唐高宗永隆元年(西元六八〇年)逝世,在西藏生活了四十年,她始終不渝地貫徹了唐太宗較為開明的民族政策,促進了唐蕃間的經濟文化交流。唐代詩人陳陶在〈隴西行〉詩篇中以「自從貴主和親後,一半胡風似漢家」的詩句,歌頌了公主入藏對吐蕃社會經濟發展的作用。

高宗永隆元年(西元六八〇年),文成公主病逝,藏族人民舉行了隆重的祭奠儀式。為了表達對她開拓唐蕃友好關係的敬意,先在大昭寺、後又在布達拉宮供奉她的塑像,還擇定文成公主入拉薩的藏曆四月十五日作為公主誕辰的紀念日。直到唐穆宗長慶元年(西元八二一年),唐蕃共立的唐蕃會盟碑還對貞觀朝的唐蕃和親做了美好的回顧,指出「和葉社稷如一,於貞觀之歲,迎娶文成公主至贊普牙帳」,這

都成為唐太宗和親政策成功的象徵，說明唐太宗君臣的和親
政策在唐蕃友好歷史上有深遠的影響。房玄齡身為唐初名
相，在輔佐唐太宗制定和執行和親政策的過程中功不可沒。

第五節　凌煙閣敘功　形在其中

　　貞觀十七年（西元六四三年）正月，魏徵離世，唐太宗
李世民哀慟不已。某一日，他登高北望，想起當初與他一同
打天下的眾位功臣中，有數位已經辭世，仍活著的也多已老
邁，再思及往日歲月崢嶸，心緒低沉，思緒萬千。為表彰唐
王朝開國勛臣，他命畫家閻立本在凌煙閣內描繪了二十四位
功臣的畫像，並親撰贊詞，由褚遂良書寫。

　　閻立本（約西元六〇一至六七三年），雍州萬年人，唐
代政治家、畫家。在隋朝，閻立本官至朝散大夫、將作少
監。唐高宗顯慶元年（西元六五六年），閻立本繼任兄長閻
立德為將作大匠，同年由將作大匠遷升為工部尚書。總章元
年（西元六六八年）擢升為右相，封博陵縣男。閻立本對
繪畫、建築都很擅長，代表作品有〈步輦圖〉、〈歷代帝王
像〉等。

第五節　凌煙閣敘功　形在其中

閻立本像

褚遂良像

　　褚遂良（西元五九六至六五九年），字登善，杭州錢塘人，唐朝政治家、書法家。褚遂良博學多才，精通文史，隋末時跟隨薛舉為通事舍人，歸順唐朝後任諫議大夫、中書令，執掌朝政大權。貞觀二十三年（西元六四九年），褚遂良與長孫無忌同受太宗遺詔輔政，升尚書右僕射，封河南郡公。後出為同州刺史。永徽三年（西元六五二年）召回，任吏部尚書，監修國史，不久升為尚書右僕射。褚遂良工於書法，初學虞世南，後取法王羲之，與歐陽詢、虞世南、薛稷並稱「初唐四大家」，傳世墨跡有〈孟法師碑〉、〈雁塔聖教序〉等。

第四章　玄齡為民創盛世

　　二十四位功臣的畫像皆真人大小，繪於唐朝皇宮內三清殿旁的一個不起眼的小樓上，名為「凌煙閣」。圖像繪好後，唐太宗時常前往懷舊。後又有四位皇帝在凌煙閣為功臣畫像，現在能看到的總共有一百三十二幅畫像，除去重複畫像，總共一百人左右。畫像全部面向北方，閣中有中隔，隔內北面寫「功高宰輔」，南面寫「功高侯王」，隔外面依次是大小功臣。

［宋］李公麟〈凌煙閣功臣圖〉

　　《舊唐書》中記載了唐太宗發布的〈圖功臣像於凌煙閣詔〉，將這二十四位功臣分為四類：

- 「**綢繆帷帳，經綸霸圖**」：「綢繆」指的是預先做準備，做什麼準備呢？圖謀霸業，也就是晉陽起兵、建立唐朝。
- 「**學綜經籍，德範光茂**」：意思是學識超凡，德行高尚。
- 「**竭力義旗，委質藩邸**」：是指當年在秦王府跟隨著他的那些人。李世民在玄武門事變前是秦王，「藩邸」一詞指的是秦王府。
- 「**受脤廟堂，闢土方面**」：也就是說在太宗上臺後聽命於太宗開疆拓土的。二十四位功臣中，除了張亮、侯君集涉及「謀反」被誅外，其他功臣皆得善終。

貞觀一代，可謂人才輩出，畫像於凌煙閣的二十四位功臣就是其中的佼佼者，他們是長孫無忌、李孝恭、杜如晦、魏徵、房玄齡、高士廉、尉遲敬德、李靖、蕭瑀、段志玄、劉弘基、屈突通、殷開山、柴紹、長孫順德、張亮、侯君集、張公謹、程知節、虞世南、劉政會、唐儉、李勣、秦瓊。這些謀臣武將為「貞觀之治」的出現貢獻了自己的才幹智勇，是唐太宗廣開才路得以收效的生動展現。

當時，二十四位功臣的畫像並非按照功勞大小排名，而是在唐太宗選出二十四位功臣後按照他們當時的最高官職排名。貞觀十七年（西元六四三年）已經去世的人，此時已經獲得贈官（死後贈官一般會遠遠高於生前真正職務），因而排在前面。比如，貞觀十七年，長孫無忌的最高虛銜為司

徒、房玄齡為司空，而李孝恭、杜如晦、魏徵此時已經去世，被贈官司空，按「死者為大」的原則，真正的司空房玄齡排在了李孝恭、杜如晦、魏徵三人之後。

房玄齡身為唐太宗的股肱重臣，入凌煙閣二十四位功臣是對他跟隨唐太宗東征西討、籌謀玄武門之變、創建貞觀之治的極大肯定和讚譽。

第六節　總監修史　主編《晉書》

李百藥像

唐太宗文治的一個重要內容，就是以史為鑑。唐太宗曾對房玄齡說：「朕每觀前代史書，彰顯癉惡，足為將來規誡。」這就清楚地說明，以史為鑑，可以知興替。因此，唐太宗相當重視修史工作。

貞觀三年（西元六二九年），太宗命令狐德棻與祕書郎岑文本修《周書》，中書舍人李百藥修《北齊書》，著作郎姚思廉修《梁書》和《陳書》，祕書監魏徵修《隋書》。由於唐太宗十分重視以史為鑑，所以貞觀時期出現了前所未有的修史盛況，成績極為可觀。從貞觀三年（西元六二九年）到貞觀二十二年（西元六四八年），房玄齡主導修史工作長達近二十年。

（一）監修諸史

　　貞觀一代修成八部正史，即《北齊史》、《周書》、《梁書》、《陳書》、《隋書》、《晉書》、《南史》、《北史》。除《南史》和《北史》是李延壽父子私人編修外，其餘六部都是唐太宗下詔集體官修的。

■ 房玄齡是總負責人，主要職責有三：一是確定「刊削之例」，即負責安排編撰原則及撰寫體例；二是擔負「銓配之理」，即負責安排編撰人員確定任務，並檢查撰寫進度；三是「明立科條，審定區域」，即負責裁斷疑難及審定書稿。除此之外，唐太宗又任命魏徵協助總管修史工作。

■《周書》的主編令狐德棻是個史學家，他參考了西魏柳虬所寫的北周官史和隋代牛弘追撰的《周紀》十八篇，又利用了唐初修史徵集的資料作為補充，以牛史為藍本，於貞觀十年（西元六三六年）寫成《周書》五十卷。

■《北齊書》主編李百藥家學淵源，其父李德林在北齊時就預修國史二十七卷，到隋開皇時又奉詔續增了三十八篇以上。在此基礎上，李百藥又參考隋祕書監王劭的編年體《齊志》十六卷，寫成了《北齊書》五十卷。

■《梁書》和《陳書》主編姚思廉在繼承了父親姚察編撰的梁、陳史遺稿的基礎上，又參考了前代的著作，寫成

第四章　玄齡為民創盛世

《梁書》五十六卷、《陳書》三十六卷。

- 《隋書》紀傳多出於中書侍郎顏師古、給事中孔穎達之手。顏、孔學貫古今，博通經史，所撰《隋書》的序、論，針砭隋之存亡得失，多所深識。魏徵率二人修撰紀傳五十卷。

貞觀十年（西元六三六年）正月，五朝史修成，由尚書左僕射房玄齡、侍中魏徵進呈御前，唐太宗下令嘉獎道：「公輩以數年之間，勒成五代之史，深副朕懷，極可嘉尚。」唐太宗除對房玄齡嘉獎外，也對其他撰史有功人員予以獎勵。這是唐太宗對官修正史的鼓勵，也是對以房玄齡、魏徵為總負責人的修史團隊的肯定與鞭策。

姚思廉像

顏師古像

（二）監修國史

唐太宗不僅重視往代歷史的編撰，也非常重視當代歷史的編撰工作。貞觀年間的當代史主要有國史、實錄、起居注三種。

貞觀三年（西元六二九年），唐太宗在宮禁門下省北始置史館，由宰相兼修國史，首任監修官即為唐太宗的中樞重臣房玄齡。宰相監修國史，史館的政治地位必然有所提高，史館建置、館員生活待遇等也有所改善。以宰相監修國史的傳統，由此成為定例。

太宗朝的國史由房玄齡監修。房玄齡為人正直，具體負責修撰工作的鄧世隆以及顧胤、李延壽等又是當時公認的「直筆」史家。因此，當時他們所撰國史多數具有直筆史風。

唐太宗以史為鑑，也很想讀一讀國史。貞觀十四年（西元六四〇年），唐太宗問房玄齡：「朕每次閱覽前代的史書，都是表揚好的人和事、斥責惡的人和事，就可以此規誡自己要注意以後的言行。不知道自古以來，每一代的國史，為什麼不讓帝王親自閱覽呢？」

房玄齡回答道：「對於國史來說，好人壞人、好事壞事都必須記下來，然而，有多少皇帝能不做不合規矩的事情呢？修史者因為害怕皇帝干涉修史的內容，所以不讓當時的皇帝閱覽。」

第四章　玄齡為民創盛世

太宗說：「朕看國史的用意與古人是不一樣的。我現在想看看當朝的國史，就是想作為借鏡。如果有好事，當然不用說了；如果有壞事，也是想以它為戒、改正錯誤。」於是叫房玄齡抄錄給他看。

房玄齡等人見狀，就將高祖、太宗實錄各二十卷呈給了唐太宗。唐太宗看到了有關玄武門之變的記載，就要求房玄齡如實記錄當日之事，而不需要有所迴避。這得到了房玄齡和魏徵等人的一致認可。封建帝王多以個人好惡歪曲歷史，唐太宗卻主張直書其事，不為尊者、賢者諱，這是難能可貴的。

唐太宗為加強實錄的編撰工作，改變了往昔不修當朝實錄的做法，決定當他在世時就開始修實錄。成書於貞觀十七年（西元六四三年）的高祖、太宗實錄是唐初的第一部實錄，也是有史以來最詳備的實錄。為了鼓勵修史，唐太宗對房玄齡等人進行了表彰。

起居注是中國古代史官記載帝王的言行錄。除了國史和實錄外，唐太宗也十分重視起居注的編錄工作。在房玄齡的建議下，唐太宗從兩方面加強了對起居注的編錄工作：

- **擴大了起居注史官的人員**：唐以前的起居注史官多由祕書郎、起居郎、起居舍人等擔任。貞觀初，除由起居郎任職外，還有他官兼任，如給事中杜正倫、諫議大夫褚遂良等曾兼知起居注。他們詳細地記錄了唐太宗的言

行，使唐初大有古者左史記言、右史記事的傳統。起居
注的豐碩成果，為史籍編撰提供了豐富的史料來源。

■ **鼓勵起居注史官秉筆直書**：貞觀初，唐太宗對房玄齡及
史臣說到自己每日上朝，為了對天下萬姓負責，出言審
慎，不能隨意說話。他不但表彰如實記錄的杜正倫，同
時對於褚遂良將自己好的言行和壞的言行都直筆記錄的
行為表示肯定。

在唐太宗的鼓勵下，在房玄齡的監修與示範下，貞觀一
代史風淳樸，某些良史都有中國傳統的史學直筆遺風，杜正
倫、褚遂良、魏徵等都是其中的佼佼者。

起居注記錄以皇帝為中心的最高統治集團的正式活動，
是編寫國史的最基本素材。貞觀三年（西元六二九年）以
後，唐高祖、唐太宗起居注的編撰工作也由房玄齡主導。唐
太宗還針對起居注撰錄事宜與房玄齡具體討論過，也要求史
官秉筆直書。

（三）主編《晉書》

貞觀二十年（西元六四六年），唐太宗下詔，任命房玄
齡、褚遂良和許敬宗三人為監修，命令狐德棻、李淳風、李
延壽、李義府等十八人分工修撰《晉書》。這次修史，頗為
隆重。這是為什麼呢？

第四章　玄齡為民創盛世

許敬宗像

這要從唐代以前的晉史修撰說起。在唐代以前，已經有二十多人曾經修撰晉史。到了貞觀年間，還存有十八家。可是唐太宗閱遍這十八家晉史，都不滿意，認為它們稱不上是良史，有的文筆差，有的雜而不精，有的前後不連貫，有的不完整，有的浮誇之詞太多，無法達到他考辨史蹟的目的。

於是，他下詔重修晉史，仍然用宰相監修和史家分撰的制度。

房玄齡、褚遂良等人接到任務後，分頭梳理前代史書，決定採用「正典」和「舊說」兩種資料來源進行修史。當時的「正典」，最有名的是東晉干寶所寫的《晉記》，此外還有劉宋的何法盛所寫的《晉中興書》，又有南朝齊的臧榮緒所寫的《晉書》最為詳備。於是，房玄齡等人以臧榮緒《晉書》為藍本，參酌諸家，兼採「舊說」，即筆記小說之類的稗官野史。

由於史料豐富，撰家又多，所以《晉書》的編修工作進

展很快，僅用了兩年多的時間就寫成了。書成後，唐太宗下詔皇家圖書館收藏，又給予修史諸人以賞賜與加封。他還曾親自撰寫了四篇史論，所以當時也稱《晉書》為御撰。又因為房玄齡是監修官，所以也稱《晉書》為房玄齡撰。

這部重新修撰的《晉書》，因為參考了以前的修史著作，所以從完整性上來說，是最為完整的，同時具有據事直書的優點。在這部書中，很明顯，房玄齡貫徹了唐太宗宣揚「君權神授」、「忠臣殉國」的意圖，其目的當然是保障李氏政權的長治久安。因此，《晉書》中多奇聞逸事，一些關於因果報應的記載就無法避免了。

另外，由於修書太快，難免有些倉促，致使遺留了很多錯誤。再加上作者眾多（共二十一人），屬於集體編纂，並非成於一人之手，雖然能夠做到量才授職、博取眾家之長，但也因為作者們的經歷、參考資料、對同一件事情的認知不一樣，因而造成《晉書》前後不一致的情況。

但是，《晉書》繼承了《東觀漢記》所用的「載記」體例，在編撰體制方面表現出良好的完善性。它創造性地記載十六國君臣的事跡，不再像此前的史家撰史時強調華夷之分，這種認知上的發展，反映了隋唐統一後「天下一家」的思想。房玄齡在《晉書》中，記錄了許多對於為政有參考價值的言論。

因此，儘管有某些不足之處，但《晉書》能吸取唐以前的研究成果，取材詳細恰當，比諸舊著自有優越之處，故該書問世後，「自是言晉史者皆棄其舊本，競從新撰者矣」。前代的眾多晉史便淹沒在歷史長河之中了，唐修《晉書》成為後人研究那個時代的重要史料，可謂是一部包羅萬象、資料廣博的史書。

（四）尊儒崇經

由於唐王朝是統一強盛的封建國家，尊儒崇經也就帶有統一時代的特徵。唐太宗設館禮賢下士，指示加強經籍的整理與註疏工作；房玄齡積極貫徹落實，促進了唐初經學的發展。

尊儒崇經的政治目的，無非是維護君為臣綱的封建等級制度。正是在這種思想指導下，房玄齡和朱子奢建議以孔子為先聖，以顏回為先師，按照舊典形式，兩邊陳放「俎豆干戚」，加以頂禮膜拜。貞觀四年（西元六三〇年），唐太宗下令全國各州縣都置孔子廟。貞觀十一年（西元六三七年），唐太宗又下詔令尊孔子為宣父，在兗州特設廟殿，專門撥二十戶人家維持供奉。可見，唐太宗時期的尊孔崇儒思想比唐高祖時深化了一步，反映了當時統治的需要。

孔子像

顏回像

　　在房玄齡的主導下，歷時兩年多，包括《周易》、《尚書》、《毛詩》、《禮記》、《左傳》在內的《五經定本》完成了，並呈現到唐太宗面前。太宗十分重視，特請宰相房玄齡召集諸儒研討，加以評議。由於學派觀點不同，諸儒紛紛對《五經定本》提出了很多意見，但都被《五經定本》的修撰者顏師古說服了。貞觀七年（西元六三三年）十一月，《五經定本》頒行全國，作為中央朝廷至地方州縣各級學校的標準教科書。對於學習者來說，《五經定本》的出現改變了過去求經無所適從的狀況，促進了教育事業的發展。

（五）編撰《文思博要》

貞觀十六年（西元六四二年），房玄齡又與高士廉等一同撰成《文思博要》。

《文思博要》共一千兩百卷，是一部大型類書，內容包舉甚廣。房玄齡是這部類書的直接編撰者之一。《文思博要》編成後，行用頗廣。在武則天朝，徐堅、張說、李嶠等人以《文思博要》為底本加以增補，編撰成《三教珠英》一千三百卷。北宋初編《太平御覽》，也大量引用了《文思博要》的資料。

第七節　君臣不疑　諫伐高句麗

貞觀時期，君與臣之間的關係，是非常令人稱道的。戰爭期間累積的互相信任的情感基礎，共同創造太平盛世的從政意願，鑄就了唐太宗與諸位大臣之間關係的牢固基礎。唐太宗非常信任房玄齡，並把自己的女兒高陽公主嫁給了房玄齡的兒子。不僅如此，唐太宗在每次離開京師的時候都會把房玄齡留下，讓他來處理朝政。

（一）君臣相得不相疑

自漢末到唐朝，北方的高句麗經常直接介入中原政局，或聯合突厥、吐谷渾等北方民族夾擊中原王朝，還時常陳兵邊境，侵擾挑釁，意圖奪得遼東地區。這些所作所為，已經構成了對中原政權安全的威脅，實在無法坐視不理。因此，只要國力、時局允許，任何中原政權都意欲解決這一政治問題。

唐朝建立後，政局漸漸穩定。到了貞觀十八年（西元六四四年），唐太宗以張亮為平壤道行軍大總管，率兵四萬，又募士三千，從萊州走海路向平壤進軍；又以李勣為遼東道行軍大總管，率軍六萬，以及蘭、河二州歸降的胡人，向遼東進軍。這一次，唐太宗抱著必勝的決心親自前往，他帶去了眾多的得力將領與文臣，讓房玄齡坐鎮京師，負責處理大小政務，以保障國內穩定。

一天，一個人突然跑到宰相府的門口大吵大鬧起來，口口聲聲稱有人要謀反。房玄齡不敢有一絲一毫的大意，立刻就讓人把這個人帶到自己面前。房玄齡問他控告何人，這個人的回答卻讓所有人都睜大了眼睛 —— 他要控告的就是房玄齡本人。

被人當面狀告謀反，房玄齡非常吃驚。他冷靜後，沒有再盤問此人，而是直接命府中的手下把此人送往遼東，請太宗親自審問。因為怕路途遙遠此人經不起折騰，房玄齡還命

第四章　玄齡為民創盛世

下人好好伺候他，將他安然無恙地送到皇帝面前。

正率兵出征高句麗的唐太宗，忽然得知房玄齡送了一個人過來，感到特別奇怪。當時唐軍在策略上並不占優勢，因此李世民非常苦惱，正在此刻房玄齡又送來此人，他本來不想處理。可是又一想，在這種重要時刻，房玄齡送一個人過來，肯定不會是小事。

太宗立刻決定受理這件事，讓人把這個人帶到了自己的營帳。聽到此人訴說的內容後，大家都震驚了，人是房玄齡送來的，這個人竟然又是控告房玄齡的，如果房玄齡真要造反，又為何會差人把此人千里迢迢送到皇帝面前舉報自己呢？

李世民聽見此人荒誕的說辭非常不耐煩，沒有再多問一句話，便直接命令士兵將這個人拖出去斬了。回到長安後，唐太宗對房玄齡說：「這樣的事情你自己處理就行了，沒有必要匯報給我。」還怪他對自己沒有信心，難道認為自己是不分是非的昏君嗎？隨即，唐太宗又特許房玄齡，允許再有此種鬧劇讓他自行處理，不需要上奏。

房玄齡不怕太宗知道有人控告自己，唐太宗也不聽信別人的誣告，君臣二人互相了解，互相信任，可真謂是君臣相得的典範。

（二）一心為國 深得賢良佑護

　　房玄齡為大唐的國事日夜操勞，鞠躬盡瘁，任勞任怨。不過有時候，他與唐太宗在一些問題的看法和處理方式上難免有相背之處，所以有幾次他竟被太宗趕回家。但是，同僚們都十分了解房玄齡的為人，也都認同他的處政能力，往往都替他說好話，所以很快太宗就又將他調回來。

　　甚至長孫皇后臨死前都不忘保護房玄齡。貞觀十年（西元六三六年）六月，長孫皇后病重，與太宗訣別。當時房玄齡被問責罷官，長孫皇后對太宗說：「房玄齡追隨陛下多年，小心謹慎，穩重可靠。朝廷奇計密謀，不曾有一絲泄露，如果沒有大的過錯，望陛下不要拋棄他。」不久，長孫皇后在立正殿崩世。

　　保護好房玄齡，是長孫皇后的遺託。於是，唐太宗召回房玄齡，讓他官復原職。

（三）抱病上書 諫伐高句麗

　　房玄齡對於征伐高句麗一事抱有自己的見解。他認為，天下初定，經過連年征戰，國庫已經空虛，不如讓百姓休養生息、安居樂業，以圖後謀。

　　到了貞觀二十二年（西元六四八年），唐太宗再次準備討伐高句麗。他命右衛大將軍薛萬徹為青丘道行軍大總管，

第四章　玄齡為民創盛世

率兵三萬乘樓船戰艦，北渡北海灣，占領泊灼口，俘獲甚眾，為翌年大規模進攻作戰做了準備。六月，唐太宗準備來年發兵三十萬一舉殲滅高句麗。為此，他再次召集群臣商討對策。朝議認為，大規模進軍必須保障軍需，必須糧秣充足，而軍用物資如果依靠畜力車運是滿足不了需求的，必須造大船進行水運。七月，唐太宗命令右領左右府長史強偉於劍南道伐木造艦，艦大者長三十三公尺、寬十七公尺，艦船造好後沿江而下，自巫峽抵江州、揚州，向東出海集於萊州。八月，唐太宗又命越州督都府及婺、洪等州造海船及雙舫一千一百艘。他還下令命陝州刺史招募勇士，同時命萊州刺史李道裕運糧食和器械於烏湖島以備東伐。

房玄齡的〈諫伐高麗表〉（高麗，亦稱「高句麗」、「高句驪」等。戰國時屬燕，漢武帝時起屬玄菟郡。西元前三七年，扶餘人朱蒙建高句麗國，五六〇年高句麗國主被中原王朝冊封高麗王，自此高句麗也稱「高麗」，西元六六八年亡）即作於此時。這時候，房玄齡已經病重。他在病榻上對兒子房遺愛說：「今天下無事，唯東征未已，群臣莫敢諫，吾知而不言，死有餘責。」於是抱病上書，寫了著名的〈諫伐高麗表〉。

其實，房玄齡並不是不清楚高句麗的問題，他也一直掛懷著這個問題。開皇十八年（西元五九八年），隋文帝派遣

楊諒率水陸軍三十萬征伐高句麗。如此大規模的征伐戰爭，注定會對當時的社會生活造成極大的影響，更何況水軍都是以青齊之地為集結地。因此，對於發生於家鄉之地的事，房玄齡十分關注。其後，隋煬帝又於三年之中三伐高句麗，耗盡了國力。身為戰事的親歷者，房玄齡深知，戰爭所帶來的損失與百姓要承擔的賦役是非常沉重的，他深深地為戰爭感到傷懷。這一次，高句麗這一政治問題再次來到房玄齡面前，隋亡的歷史教訓使得房玄齡無法迴避唐太宗東征可能帶來的災難。

當時，唐太宗正在玉華宮休養，得知房玄齡舊疾復發，他十分著急。他知道，國家還離不開這位赤膽忠心的老臣，於是下詔命房玄齡留守休養。房玄齡追赴玉華宮，坐偏輛入殿，快到皇帝御座跟前才下輛。君臣二人相見，百感交集，太宗為他流淚，玄齡也感傷不已，悲咽得控制不住自己。唐太宗下詔派名醫救治，讓掌管膳食的官員每天為房玄齡供應御膳。

房玄齡對皇上的關愛十分感動，他深情地說：「我自知病情危重，難以度過此關，我也難以再為國事操勞了。可是皇上對我的恩情深重，若是辜負了皇上的情義，我恐怕就死有餘辜了。如今天下安定，朝野上下各得其所，百姓安家樂室，唯獨東征一事還未停止，正為國家造成禍患。現在皇上心中惱怒且主意堅決，朝臣們沒有敢犯顏諫諍的。我若明知

此事欠妥卻不提出來，即使死了也會飲恨九泉的。」於是將〈諫伐高麗表〉呈上。

在貞觀十八年（西元六四四年）第一次東伐高句麗的時候，大臣褚遂良就告誡唐太宗征伐的結果可能不容樂觀，尉遲敬德也同樣上奏提醒唐太宗不要親征。而就在這次唐太宗準備討伐高句麗時，嬪妃徐惠也上表進諫，直截了當地指出常年征戰會導致國內民生凋敝的形勢及其危害，請唐太宗以史為鑑，並列舉了秦始皇等窮兵黷武的下場。徐惠的奏章言辭非常激烈，一定程度上反映出當時的現實。據歷史記載，貞觀二十一年（西元六四七年）七月，唐太宗命令右領左右府長史強偉於劍南道伐木造大艦的時候，由於當地州縣要求時間緊迫任務繁重，所以對百姓的壓迫也是非常嚴重的，以至於出現百姓賣田宅的情況，谷價上漲，百姓騷亂，並已經有人率眾反抗。

對於這些奏章，唐太宗都沒有聽進去，雖然他沒有對勸諫之人發怒，但是當時也已經無人再敢勸說了。房玄齡的這篇奏章不同於褚遂良和尉遲敬德的奏章，他在寫作上採取了截然不同的方式，主要表現在以下四點：

■ **語氣平和**：房玄齡基本上是順著唐太宗的意思，並歌頌唐太宗的文治武功，而不去直接批評和頂撞唐太宗的施政方針。這個時候的唐太宗，年紀也漸漸增大，不再像

年輕時候一樣無所計較。對於一位勇猛善戰、正欲立下不朽功績的皇帝來講，如果直白地告誡他征伐造成的危害或者戰敗的後果，他是聽不進去的。

- **善於引用**：與前面所說的奏章不同，房玄齡沒有借用秦皇漢武窮兵黷武這樣讓皇帝聽起來反感的歷史教訓，而是引用古代哲人老子、《周易》的名言，如「知進而不知退，知存而不知亡，知得而不知喪」、「知足不辱，知止不殆」等來開導、規勸李世民，並且進行正面鼓勵：「知進退存亡，不失其正者，唯聖人乎？」意思是知道進退存亡的道理，只有太宗這類聖人才能做到。

- **突出重點**：房玄齡建議停止征伐高句麗，沒有直接擔心戰敗的後果或對國力的損害，而是從另一個角度出發，說高句麗不足以去教化，也不值得用仁義標準去要求，只要放任不理他們就行了。同時，他以太宗平時處理死囚很慎重為據，希望能珍惜無辜的士兵們的生命和親人們的感情，以打動太宗。

- **感情真摯**：房玄齡強調自己是臨死進言，仍然自謙地說自己是微塵、滴水，太宗和國家是大海、泰山，以此來剖明心跡，強調寫此奏章的動機是為國貢獻微薄之力。

看到了這封上表，唐太宗雖然沒有停止討伐高句麗的準備，但也感慨良多，為這個老朋友的忠誠所打動。他對高陽

第四章　玄齡為民創盛世

公主說：「宰相的病情如此嚴重，還不忘為國家操勞啊。」
到了唐高宗時期，高宗李治吸取了唐太宗東征的教訓，改取
先滅百濟、再滅高句麗的策略，先後發兵五十萬，征戰十多
年，終於完成了唐太宗的遺願，平定了高句麗。

　　後來，房玄齡病情加重，為方便探視，唐太宗命人鑿開
宮牆，多次派內廷官員問候，並且親自到房玄齡府中，與房
玄齡在病床前握手訣別，悲不能忍。他還當場授予房玄齡的
兒子房遺愛為右衛中郎將，房遺則為中散大夫，使其在世時
能看見自己的兒子顯貴。貞觀二十二年（西元六四八年），
房玄齡與世長辭，終年七十歲。唐太宗為之廢朝三日，贈太
尉，諡曰文昭，陪葬昭陵。

陝西禮泉縣昭陵陵區遠景

第八節　家教甚嚴　房門不幸

（一）以身作則 嚴格家教

　　以身作則，嚴格家教，是齊州房氏的優良傳統。早在隋開皇八年（西元五八八年），房玄齡才十歲時，他就聽其父房彥謙教誨：「人皆因祿富，我獨以官貧。所遺子孫，在於清白耳。」此後他不僅一生實踐，而且也非常重視對子女的教育，治家頗有章法。

　　房玄齡替三子分別取名「遺直」、「遺愛」、「遺則」。推想房玄齡為三子取名實是各有深意：為長子取名遺直，是因春秋時晉國賢者羊舌胖博議多聞、品德高尚，能以禮讓國，是當時晉國的賢臣，孔子稱之為「遺直」。以古賢人的雅號為長子命名，房玄齡對其期望可謂高矣！而「遺愛」是指仁愛傳家，「遺則」指「行為世範」，也含有深深的期待。

　　房玄齡身教言傳都很到位，家訓、家規也很嚴厲。他唯恐自己的子女仗勢欺人，常告誡諸子不可因權勢而驕奢，不可因地位而欺凌他人。他還集錄了古代和當時社會一些有名的家訓，親自書寫在屏風上，讓諸子各取一具，時刻以之約束自己。他常在處理完朝中政事回到家中時，親自督促兒子們的學業，詢問他們對自己所集錄家訓的心得，聽其背誦，並不忘提醒兒子們時刻注意、躬身踐行。

（二）房門不幸 遭受劫難

　　然而不幸的是，到了高宗時，房玄齡次子遺愛所尚高陽公主嫉恨長子遺直居嫡襲爵，遂與遺愛陰謀奪其封爵，又涉嫌參與宗室奪嫡謀反一事。事情敗露後，遺愛被誅，公主被賜自盡。遺直雖以父功特予宥免，也被除名為庶人，房玄齡一生的功業和家業幾乎蕩滌一空。自此，有唐一代，房玄齡支系幾乎一蹶不振，令人嘆息！

第五章
千里鄉音曾記否

第五章　千里鄉音曾記否

第一節　安葬父親回鄉

濟南歷城區房彥謙墓石虎

貞觀五年（西元六三一年），少時離家的房玄齡回到了故鄉，此時他已經五十二歲了。這次回來，他是奉詔安葬父親房彥謙的。

房彥謙卒於隋大業十一年（西元六一五年），時任涇陽令，其夫人早已病逝。當時，正值隋末戰亂，道路不通，房玄齡只好將父親靈柩草草厝於涇陽郊野。此後，房玄齡追隨太宗李世民東征西討，戎馬倥傯，十分繁忙，沒有時間和機會陪伴父親魂歸故里。

等到李世民即位成為皇帝，房玄齡先為中書令，旋任尚書左僕射，位居中樞，日理萬機，幾乎一刻也離不開朝堂。直至國家漸趨清平，朝廷制度初定規模，房玄齡才奏請皇帝恩准，得以了卻這一心願。由於房玄齡為唐王朝的建立與發展立下了卓越的功勛，所以太宗對其父的歸正首丘十分重視，並追贈房彥謙為徐州都督、臨淄縣公，諡號曰「定」。

144

　　得到這樣的殊榮，玄齡非常感動。他又特地懇請李百藥為其父撰寫碑文，又請歐陽詢書丹。文稿書寫後，房玄齡命人將文稿送往齊州，請當地技藝高超的匠師製作碑體。碑首碑身，選用一塊巨石雕製，碑首為拱形頂，兩側各有三條螭龍盤繞，碑額篆書「唐故徐州都督房公碑」。此碑形制巍峨壯

濟南歷城區房彥謙墓石羊

麗，不僅足以彰顯先人一生功業，而且必將傳之後世，使後代瞻仰，流芳百世。

　　房氏祖墳，坐落於齊州城正東趙山南麓。趙山峰脈，起自西南，蜿蜒如龍，故當地人俗稱為青龍山。其南為四峰對峙的四門山，其西則是虎山，狀如虎踞；東南為發源於南部山區的巨野河，風景秀麗，景色宜人。

　　房玄齡十八歲貢舉京師，告別齊州，離開故土，如今歸來，世事滄桑，屢經劫難，他已身居高位，成為一個處變不驚、寵辱泰然的老者了。房玄齡儘管德高望重，但仍注意嚴以律己，謹言慎行，以上率下，不願大肆鋪張。但是，雖然

第五章　千里鄉音曾記否

房玄齡以「大亂初平、民生凋敝，勿生滋擾」為由，一再懇請從簡，但唐太宗依舊詔令有司營造車馬運載其父的靈柩，每車配備四匹駿馬，從涇陽殯所一直送到齊州故鄉。靈柩出懷、涇二州後，太宗皇帝又命官府提供船隻載運車馬儀仗，費用不足則由當地官府補給，又破例賜予鼓角之樂導行。除役夫之外，還派了近千名兵士來建造墳墓。

為使安葬大禮更顯隆重，太宗皇帝又特派使者以少牢之禮（按：牢為禮器，古時祭祀時盛犧牲用，祭拜時用牛、羊、豬三牲為太牢，單用羊或豬為少牢；諸侯祭以太牢，大夫祭以少牢）祭奠，州縣地方官員弔唁獻祭。一時之間，各地姻親，官吏名士，故吏門生，紛紛千里赴會，最後竟有兩千多人來參加安葬儀式。墓地依制度，南北長一百二十公尺，東西寬五十公尺，墓葬封土直徑十七公尺，封土高五公尺。由於房彥謙生前十分廉潔，所以陪葬之物除書冊筆硯之外，均是陶瓦器皿，一概不用金玉之物。這一方面是為了示人以簡樸，同時也避免了後世盜墓之憂。

根據《全唐文》、《濟南金石志》、《章丘縣誌》整理〈唐故徐州都督房公碑〉之全文（並核實原碑拓片）曰：

唐故都督徐州五州諸軍事徐州刺史臨淄定公房公碑

易稱：「易之為書也，有天道焉，有人道焉。」故君子居則觀其象，動則觀其變，智以藏往，感而遂通。是以進退

之數有方，存亡之幾可定。昔賈生董相，懷王佐之才，子政子雲，抱命世之道，並屯遭於世。故擯厭於當年，軼風電以長鳴，絕雲霓而鍛翮。而樂天知命，順時守道，體忠信而夷險阻，憑清靜以安悔吝。雖逝川寂其浸遠，而盛德久而愈新。昔之玉質金相，求益友於千載，蘭芳桂馥，想同氣於九原，則有之矣。緬懷庶幾之道，詳觀出處之跡，可以追蹤勝業，繼踵清塵者，其唯都督臨淄定公焉。公諱彥謙，字孝沖，清河人也。七世祖諶，燕太尉掾，隨慕容氏南度寓於齊土。宋元嘉中，分齊郡之西部置東冀州東清河郡繹慕縣仍為此郡縣人。至於蘭侯，又於東廣川郡別立武強縣，令子孫居之。丹陵誕聖，祥發慶靈，虞舜受終，光啟侯服。導原注壑，若瀉河漢之流，竦構干雲，如仰嵩華之峻。漢司空植公之十三世祖也，積德固其宗祊，純嘏貽其長世，公侯之門必復，繁衍之祚攸歸。高祖法壽，宋大明中州主簿、武賁中郎將、魏郡太守，立功歸魏，封莊武侯，使持節龍驤將軍、東冀州刺史。薨，贈前將軍青州刺史，諡蘭侯，《魏書》有列傳。重價香名，馳聲南北，宏材祕略，兼姿文武。曾祖伯祖州主簿，襲爵莊武侯，齊郡內史、幽州長史，仍行州事，衣錦訓俗，露冕懷戎，累仁義而成基，處脂膏而不潤。祖翼，年十六，郡辟功，曹州辟主簿，襲爵莊武伯，宋安太守。居繼母憂，廬於墓次，世承家嫡之重，門貽旌表之貺。鄉閭之敬，有過知恥；宗族所尊，不嚴而肅。父伯熊，年廿辟開府，行參軍，仍行本州清河、廣川二郡太守事。風神英邁，器量沉遠，寢門之內，

第五章　千里鄉音曾記否

捧檄以慰晨昏，山澤之間單車以清寇亂。公稟元精之和氣，
體淳粹之淑靈，心運天機，性與道合，溫良恭儉，應言行之
端，神采風尚，出儀形之表，博極圖書，兼綜遺逸，正經義訓，
時所留懷，絕簡研幾，下帷覃思，盡探隅隩，畢詣精微，或
致元白之譏，非止春秋之僻。吉凶禮制，今古異同，莫不窮
核根原，詳悉指要。內外親表、遠之學徒負笈擁帚，質疑去
惑，公凝神虛受函丈無倦，聲來響答，山谷對盈自遷宅齊土，
家已重世，班懿十紀，旌旗之盛未多；陳完八葉，鳴鳳之祥
斯在。況復里稱冠蓋，庭茂芝蘭，行則結駟連騎，居則撞鐘
列鼎。雖范蠡貨財本輕，卿相陰家僕、隸舊比封君不之過也。
公閒心閒館，以風素自居，清虛味道，沉冥寡慾，恭敬以撙
節，退讓以明禮，潛隱之操，始擅於州閭，高亮之風，日聞
於海內。於是群公仰德，邦君致禮，物色斯辯旌節盈塗郡三
辟功曹，州再辟主簿，其後不得已而從命。公明天人之際，
述堯舜之道，其處也。將委質眾妙之門，棲神不死之地，其
出也。將宏獎名教，博利生民。舟楫可期，英靈有屬，州郡
之職非，其志焉。然公以周隋禪代之交，紀綱弛紊，亦既從
政，便以治亂為懷，眷言州壤。在情彌切，乃整齊風俗。申
明獄訟，進善黜惡，導德齊禮，雖在鄉國，若處王朝。政教
嚴明，吏民悅伏，見危拯難，臨財潔己，利物之仁不自為德，
不貪之寶，必畏人知。開皇初，頻詔搜揚人物，秦王出至京
洛，致書辟召，州縣並苦相敦逼，公辭以痼疾，且得遂情慪

仰。其後隋文帝忌憚英俊，不許晦跡丘園。公且權維縶，方
應薦舉。七年始入京省，授吏部承奉郎。是時齊朝資蔭，不
復稱敘，鼎貴高門，俱從九品釋褐。朝廷以公望實之重，才
藝之優，故別有此授，以明則哲之舉。俄遷監察御史，每杖
節巡省，糾逖奸慝，心存公正，以變澆風。轉授秦州總管錄
事參軍事，漢陽重鎮，京輔西門，管轄一方，允斯盛選。尋
以朝集入京，與左僕射齊公總論考課之法，黜陟之方，齊公
對岳牧以下，大相嘆伏，其後具以公言敷奏。仍有十擢之辟，
然非知己之主竟不能見用。左遷許州長葛縣令，公鎮之以清
靜，文之以禮樂，訟以道息，災因德弭，百姓感悅，咸不忍
欺，愛之如慈親焉，敬之如明神焉。襁負知歸，頌聲載路，
解代之後，吏民追思惠政，樹碑頌德。在長葛秩未滿，以考
績尤異，遷郜州司馬。此州荊鄧之郊，華夷踦雜，習俗殘獷，
民情檢詖。公化之以仁愛，敦之以淳厚，期月之間，咸知遷
革。尋以州廢，解任言歸。夜觀星象，晝察人事，知天地之
將閉，望箕潁以載懷。乃於蒙山之陰，結構岩穴，非唯在乎
避世，固亦潛以相時。然大業之初，始班新令，妙選賢良為
司隸刺史，公首膺斯舉，有詔追赴京洛。公以朝綱浸以頹壞，
此職亦是宏濟之一方，便起而就征，攬轡登車，即有澄清天
下之志。於是激濁揚清，風馳草偃，行能之類，望景以聽升
遷，苛暴之徒，承風而解印綬。進擢者縻爵不致謝言，繩糾
者受刑而無怨色。自非道在至公，信以被物，其孰能與於此

焉。既而王政陵夷，小人道長，忠言靡用，正士無施。大業十一年出為涇陽縣令，未幾而遘疾。粵以其年歲次乙亥五月壬辰朔十五日景午，終於官舍，春秋六十有九。降生一子，光輔帝唐，葉贊璇璣，參調玉燭。皇上情深遺烈，用佇想於夷門，眷言才子，便有懷於袁煥。貞觀三年十有二月，乃下詔曰：「紀功襃德，列代通典，崇禮飾終，著在方策。隋故司隸刺史房彥謙，世襲簪纓，珪璋特秀，溫恭好古，明閒治術。爰在隋季，時屬卷懷，未遂通塗，奄從運往，以忠訓子，義垂過庭，佐命朝端，業隆功茂，宜錫以連率，光被九原，可贈使持節都督徐泗仁譙沂五州諸軍事，徐州刺史。」四年十一月，又發詔追封臨淄公，食邑一千戶，諡曰定公。禮也粵以五年歲次辛卯三月庚申朔越二日辛酉，安措於本鄉齊州亭山縣趙山之陽。唯公風格凝整，神理沉邃，內懷溫潤，外照光景，追思儀範，暖似文戍之圖，邈想風猷懷若相如之氣。時逢戰爭，術益從橫，或恥問仁，用安嘉遯，收文武之將墜，殊山林而忘反。是故鎖聲貴里，隱異迷邦，戢曜高門，處非絕俗，優柔六藝，紛綸百氏，采絕代之闕文，總前修之博物。雖昔之明，實沈之崇識疏屬之神，辯鼢鼠於漢朝，彰委蛇於霸業，無以尚也。雕蟲小技，曾未去懷，時有制述，將符作者，致極宏遠，詞窮典麗，足以克諧聲律，感召風雲，豈唯白雪陽春，郢中寡和而已。永唯書契之始，乃眷號蹄伉之跡。草隸之妙，冠絕當時。爰自幼年孝友瑃懷至，未離襁褓，便遭

極罰，裁有所識，諮訪家人發言號絕，不自勝處。年十有五，出後傍宗，深惟鞠養之慈，將闕晨昏之禮，辭違之辰，感切行路，及就養左右，不異所生。兩門喪紀，並逾制度，哀毀之至，聲被朝野，兼以期功之感，甘旨未嘗，朋友之喪，遠近畢赴，人倫之紀，禮法之隆，近古以來，未之有也。且復留連宴賞，提攜臭味，登山臨水，必動詠言，清風朗月，未空樽酒，賓幾滿席且得王公之孫門閥常通時許慈明之御指困無倦。解裴未已仁義，云厚資產屢空。以斯器望，窮茲至道，謂宜俯拾青紫，增曜臺階，而止類太邱，宏道下邑，邈同子產，空聞遺愛，報施之理，何其爽歟。若夫死生者形骸之勞息，夭壽者大化之自然，固知命之不憂，豈居常而為累也。然行周於物，寒暑不能易其心，智周於身，變通不能窮其數。而靈祇多忍，幽明永隔，散精氣於風煙，委容質於泉壤，可不哀哉。於是四方同志之士，百里懷音之客，式遵盛烈，共勒豐碑。百藥爰以疇昔，妄遊蘭芷，寧謂正始之音，一朝長謝，師資之德，百舍無從，義絕賓階，哀纏宿草，思效薄技，覬申萬一。仰唯治身之術，立德之基，固繫辭可以盡言，豈言之而無媿也。乃為銘粤：

遐觀方冊，歷選人倫，名固難假，德必有鄰。顏閔遺蹟，曾史芳塵，同聲比義，允屬通人。於鑠通人，纂堯膺慶，司空規矩，民胥攸訓。地靈貽福，天齊分命，世祚有徵，重光無競。顯允君子，丕承寵光，靈河擢秀，日觀含章。元門味道，

第五章　千里鄉音曾記否

幽谷迷方，陸沉通德，朝隱康莊。儀鳳潛靈，雕龍振藻，宏之在人，一變至道。昭彰誥訓，寂寥元草，文質彬彬，波瀾浩浩。齊物無待，隨時吐曜，導俗澄原，訓民居要。州將貽喜，邦君長嘯，乃眷韜鈐，還歸漁鉤。三逕雖阻，八紘方密，倔俛末班，逶迤下秩。司憲邑宰，循名責實，御眾以寬，在刑唯恤，履斯異行，乘此丕基，才高位下，有志無時。和光偶俗，誕命霅期，鷹揚投賈，唯茲在茲。樹德不已，蹈仁無斁，遺構有馮，高門以。眷言上壽，方期永錫，載佇太階，翻歸厚夕。義高表墓，道貴揚名，式昭文物，用紀哀榮。抽簪故吏，制服諸生，一刊園石，萬代飛聲。

歐陽詢隸書拓本〈徐州都督房彥謙碑〉（局部）

碑右側題款三行：

太子左庶子安平男李百藥撰
太子率更令渤海男歐陽詢書
貞觀五年三月二日樹

碑陰上半部刻文：

　　公之將葬，恩旨重疊，贈贈優渥，特異恆御公及夫人，並令所司營造馬輿，各給四馬，從京師洛陽殯所送至本鄉。其車輅儀仗出懷洛二州，給船載運，迎道人力至於墓所。所儀從錢幣有闕乏者，又發敕令，以官物修補。又文官式令例無鼓角，亦特給送至於葬所。又於常令給墓夫之外，別加兵千功役。臨葬日復降敕使馳驛祭以少牢。崇後為送葬事，發敕旨行筆十有二條。近代以來，恩榮褒贈，未有若此者也。中外姻戚，海內名士，並故吏門生，千里赴會，爰及州里道俗二千餘人。

濟南歷城區房彥謙墓全景

第二節　齊州好友情義深

　　唐朝是以關隴貴族集團和山東英豪為基礎建立的。房玄齡輔佐太宗，運用自己的智慧和人脈，把兩者結合了起來。而在建立唐朝的過程中，房玄齡故鄉的英雄豪傑秦瓊、房仁裕、程知節、羅士信、段志玄等，做出了巨大的貢獻。

（一）傳奇人物秦瓊

　　秦瓊（？至西元六三八年），字叔寶，濟南人。據〈秦愛墓誌銘〉記載：「（秦愛）以大業十年十一月廿一日終於齊州歷城縣懷智里宅，春秋六十九。」秦愛即秦瓊的父親。

濟南五龍潭秦瓊祠

　　相傳，秦瓊武藝高強，他騎一匹黃驃馬，使一對熟銅鐧，「馬踏黃河兩岸，鐧打山東六府」，廣交天下朋友，有「小孟嘗」的美譽。據《舊唐書・列傳第十八》記載：「大業中，為隋來護兒帳內。」來護兒是隋煬帝征高句麗時的重要功臣，高傲無比，可是對秦瓊卻另眼看待。秦瓊喪母，來護兒派專人前往弔唁，有人問原因，來護兒說：「秦瓊勇悍，並有志節，必能自取功名，怎麼能因他官職低微而小看他呢？」

秦叔寶像

　　隋朝末年，天下大亂，秦瓊在隋齊郡丞（副太守）張須陀麾下當校尉，隨軍大戰賊帥盧明月於下邳。當時，敵軍眾十萬人，張須陀軍只有一萬人，力勢不敵。張須陀退軍時打算伏擊敵人，詢問眾將誰敢迎敵，無人敢應，只有秦瓊、羅士信願往。張須陀命二人領千兵埋伏於蘆葦中，當盧明月追

第五章　千里鄉音曾記否

來時，二人分頭迎擊，翻敵柵欄，殺入敵營，拔敵旗幟，放火焚柵，一時火光衝天，敵營大亂。盧明月退兵，須陀率軍大破之。秦瓊因為前前後後的功績被授建節尉。

大業十二年（西元六一六年），秦瓊又隨張須陀大戰李密於滎陽大海寺，戰鬥中張須陀戰死。大業十四年（西元六一八年），秦瓊率領剩下的部隊歸附裴仁基，裴仁基投降了李密。李密得到秦瓊後很高興，封秦瓊為帳內驃騎。後來，隋將宇文化及殺死隋煬帝引兵北上，李密與之在黎陽交戰，交戰中李密被暗箭所傷，墜於馬下。秦瓊擊退宇文化及，在危難之中救出李密。後來，李密被殺後，秦瓊又追隨王世充在九曲與唐軍交戰。秦瓊、程知節二人認為王世充狡詐，不宜為主。於是，秦瓊騎著自己的馬前去向王世充告別，說：「我自認為不能侍奉您，請讓我現在告辭吧。」王世充不敢逼迫他，於是秦瓊、程知節伺機投唐了。

唐武德三年（西元六二〇年），秦瓊隨李世民征伐劉武周、宋金剛，兩軍在美良川交戰。秦瓊作戰智勇，戰功最高，唐高祖李淵獎勵其金瓶，說：「你不顧妻子遠來投我，又立功勳，我都願意割我的肉給你，何況財物呢？」於是，封他為秦王右三統軍。

武德四年（西元六二一年），秦瓊又於虎牢關大戰竇建德。秦瓊以精騎數十生擒竇建德，力促王世充投降。六二三

年，秦瓊又隨李世民於洺水縣大破劉黑闥。

　　在多年的數次戰鬥中，秦瓊為唐朝立下汗馬功勞。西元六二六年，秦瓊參與玄武門之變，隨李世民誅殺李建成、李元吉。之後拜左武衛大將軍，食實封七百戶。秦瓊經常生病，每逢生病他就對人說：「我戎馬一生，歷經大小戰鬥兩百多次，屢受重傷，前前後後流的血都能有幾斛多！怎麼能不生病？」貞觀十二年（西元六三八年），秦瓊因病去世，追贈徐州都尉、陪葬昭陵，太宗李世民特令在其墳內立石人馬，以旌其戰陣之功。貞觀十七年（西元六四三年），李世民命閻立本替秦瓊等二十四位功臣畫像並掛入凌煙閣。

濟南五龍潭秦瓊故宅碑

據載，秦瓊父親〈秦愛墓誌銘〉銘文如下：

君諱愛，字季養，齊郡歷城人。若夫華渚導其洪源，趙城開其累構，臺鉉相□，簪纓繼軌，漢世功臣，簡侯懋山河之績，魏朝令望，中郎擅瑚璉之珍。名器並隆，徽猷無絕。祖孝達，魏廣年縣令。雖復鳴弦下邑，治絲之巧，未申製錦，良工操刀，之用方遠。父方太，齊廣寧王府記室。元瑜書記，德施文詞，晉蕃佇其良規，魏後稱其愈疾。世德攸歸，誕生時彥。君幼稟仁孝，率性溫恭。器度□遠，津涯罕測，加以誠信待物，行義絕倫；由是淳篤之譽，聞於州里，群公藉甚，屢降旌招。齊咸陽王斛律武都，朝之上將，初開幕府，妙選賢良，乃召君為錄事參軍，禮接殊重，恩紀之深，群僚莫及。周武平齊，君乃告歸鄉里，值周隋之際，四海未一；軍書狎至，羽檄交馳。飾珠履以求賢，散黃金而招士。屢蒙辟引，皆無所就。靜居衡巷，得性為娛；九聘之榮，弗概懷抱；一厘之內，宴處超然，當世貴臣，莫能幹也；鄉黨長幼，愛而敬焉。方當遠跡千里，光膺五福；豈謂尺波東逝，閱水不追；落暉西入，馳光無反；遽發高堂，言歸厚夜，以大業十年十一月廿一日終於齊州歷城縣懷智里宅，春秋六十九。唯君自少迄長，仁恕為懷。靜而無惰。行必循道。素概清衿，始終若一。是以門緒克昌，庭生玉樹。立功效績，光斯圭社。豈非積善之福，叔德之效歟！叔實既參贊興王，勛庸斯重。榮親之義，蓋唯朝式。武德八年，詔贈上輕車都尉。貞觀元年十一月，詔曰：

「故上輕車都尉秦季養，守志丘園，早先風露。其子左武衛大將軍翼國公叔寶，委至府朝功參王業，寔稟庭訓，克成厥美。乃眷遺範，宜飾哀榮，可贈持節瀛州諸軍事、瀛州刺史，上輕車都尉如故，禮也。粵以貞觀二年正月十三日，還改窆於齊州歷城縣懷智里。雖復高名令範，圖史方書；但懼舟壑或遷，海田將變。勒斯金石，宣之萬祀。乃為銘曰：

遠冑蟬聯，洪源淼漫；儒盛鄒魯，將傳巴漢。才邁折衝，勛深翼贊，門襲纓冕，家傳棟干。世載明哲，爰挺若人；玉韞荊岫，珠明漢濱。矯矯跨俗，溫溫潤身；稟和藏用，抱璞含真，結髮束修，伏膺名教；蹈義懷禮，資忠履孝。我有明德，民胥攸效；羽棲駕，潛暉文豹。方享榮養，允膺眉壽；千月不留，百齡誰後。忽矣浮促，遂蹇長人；負雪遽□，凌雲先朽。令胤逢時，高衢騁力；逸足致遠，令德高譽，徽猷永傳。馮風假翼。乃降追榮，戎章是飾，龜筮爰兆，言遵塋域。去此華屋，遷茲墓田；斷絕哀挽，荒涼遠阡。蒼蒼曉月，沉沉暝煙。

陝西禮泉縣昭陵陵區 秦叔寶簡介、刻像

秦愛墓誌銘

（二）唐初大將房仁裕

房仁裕，濟南人，其七世族與房彥謙一樣亦為房謐，是房景伯季弟房景遠的後裔。按家族輩分排序，房仁裕為房玄齡的祖叔，與房玄齡、房山基同時代而遠較二人年輕，故其仕唐時間較兩人更長。房仁裕在《舊唐書》、《新唐書》無本傳，《舊唐書》零散所記房仁裕的業績只有兩件：一是永徽四年（西元六五三年）冬十月領兵征討陳碩貞民變，另一件是龍朔二年（西元六六二年）領銜議修禮儀。

隋末，幾股有影響的勢力分別是：占據關中的李淵集團、占據洛陽的王世充集團、以瓦崗為中心占據洛口的李密集團。在齊州房氏宗支房玄齡奔李世民、房山基奔李密之後，房仁裕投奔了王世充。但隨著對王世充了解的加深，房仁裕明白了王世充「非真主」，不能成就大事。後來，房仁裕奔唐之後於李世民帳下屢立戰功，死後定諡號曰「忠」，追贈兵部尚書。乾封二年（西元六六七年），陪葬詔陵，時

人恭稱房仁裕為「房忠公」，崔融為此而撰〈贈兵部尚書房忠公神道碑（並序）〉，勒銘昭陵。

　　房仁裕母親李氏——清河太夫人墓，封土高二點五公尺，直徑八點八公尺，墓內結構不詳。墓碑高四點二公尺，螭首方座，碑刻篆書「唐隴西李氏清河太夫人墓之碑」，碑文陰刻楷書十五行，碑身殘缺，字跡多已漫漶不清。

濟南高新區清河太夫人（房仁裕母親）墓全景

（三）家喻戶曉程知節

　　程知節，本名咬金，濟南人。他少年驍勇，善用馬矟，《隋唐演義》裡則說他善用板斧。隋末，天下大亂，他為保鄉里平安，主動聚徒數百以自衛。大業十三年（西元六一七年），他率眾與瓦崗軍合併，任內軍驃騎。次年，他隨李密

第五章　千里鄉音曾記否

於偃師大戰王世充。王世充偷襲單雄信營壘，李密命令程咬金與裴行儼一起增援單營。裴行儼率先驅馬奔向敵軍，被亂箭擊中落馬。程咬金馳馬救人，王世充的追兵用長槊刺傷程咬金，程咬金怒奪敵槊，折為兩段，砍殺敵人十多名，殺出血路救裴行儼回營。這次李密大敗，王世充俘虜了程咬金，而且以優厚的條件招撫程咬金。但是，程咬金經過仔細觀察發現，王世充性情多詐，好賭咒發誓，十分荒唐。他私下對秦瓊說：「王世充氣度淺狹，口多妄語，怎麼會是撥亂靖難之人？」於是兩人達成默契，欲擇機走脫。

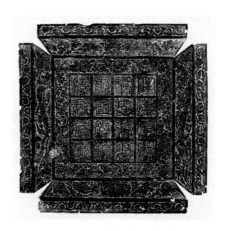

「大唐故驃騎將軍盧國公程使君墓誌」蓋拓片

武德四年（西元六二一年），王世充率軍與唐軍在九曲交戰，秦瓊、程咬金隨從。到了汜水九曲，二人在馬上向王世充告別，說：「我們深受您的優待，總想報恩效力。但您

性情猜忌，身旁又多煽動蠱惑之人，這裡不是我們的託身之
所，請求從此分別。」於是，二人策馬揚鞭投唐，王世充不
敢追。高祖李淵在長安熱情地接待了他們，將他們劃撥至
李世民麾下，程咬金被任命為左三統軍。武德三年（西元
六二○年），程咬金隨軍擊敗宋金剛，擒獲竇建德，收降王
世充。每次戰鬥，程咬金都衝殺在前，表現英勇。武德七年
（西元六二四年），太子李建成向高祖進讒言，程咬金被斥
遣康州刺史。他拒絕赴任，以保護秦王李世民。六月四日，
程咬金隨從李世民參與玄武門之變，誅殺太子建成和齊王元
吉。後拜太子右衛軍，與長孫無忌等一起代襲刺史，改封盧
國公。六四三年，加封鎮軍大將軍。

　　麟德二年（西元六六五年），程咬金去世，追授驃騎大
將軍、益州大都督，陪葬昭陵。

陝西禮泉縣昭陵陵區 程知節簡介、刻像

第五章　千里鄉音曾記否

（四）唐朝名將羅士信

　　說起唐朝名將羅士信，人們或許覺得陌生，而談起羅成卻是如數家珍。羅士信在正史中稍有記載，而在演義、評書、戲曲舞臺上以羅士信為原型而虛構的羅成卻深入人心。

　　羅士信，濟南人，字公然，生於隋文帝仁壽三年（西元六〇三年）。隋煬帝大業七年（西元六一一年），天下大亂，李勣、翟讓在瓦崗起義，張金稱、高士達在清河起義，王薄在長白山起義。大業九年（西元六一三年），齊郡丞張須陀和王薄交戰。羅士信年僅十四歲，在張須陀麾下任職，自請上陣殺賊。張須陀見他年少，懷疑他穿不了鎧甲，輕視他。羅士信大怒，披上重甲上馬，左右顧盼，張須陀才允許他擊殺賊寇。羅士信手執長槍，馳入敵營，刺殺數人，取一人首級擲於空中，用槍挑著歸隊，敵眾驚愕，一時不敢追來。張須陀見機揮師進攻。羅士信又重返戰場，擊殺無數。張須陀讚嘆不已，厚加贈賞，並贈他馬騎，安排他在身邊重用。每次戰鬥時，張須陀率先衝鋒，羅士信緊隨其後，戰無不克。隋煬帝聽到了這件事，派大臣到陣慰問嘉勉，並詔令畫師去畫張須陀、羅士信的戰陣圖，傳揚全軍。

　　唐武德二年（西元六一九年），羅士信不肯與世充為伍，率千人投唐。相傳，羅士信投唐時曾無理要求秦王李世民背他入營，秦王愛將心切答應了，羅卻急忙跪道地：「千

歲折殺末將了！」世民為其擺宴禮迎，高祖拜其為陝州道行軍總管。

唐武德三年（西元六二〇年），秦王李世民討王世充，進至洛陽北面的北邙山。羅士信隨秦王大軍至洛陽，他善用計謀，設下埋伏，大破世充軍。武德四年（西元六二一年），秦王李世民率羅士信、秦瓊等又擊敗聲援王世充的竇建德，竇建德被俘，王世充投降。羅士信被授絳州總管，封郯國公。

同年，竇建德的部將劉黑闥在漳南起義，攻破冀州、洺州，秦王李世民、齊王李元吉奉命率軍在洺水迎戰。秦王李世民攻下一城後由王君廓戍守，不料敵人快速反攻，王君廓潰敗。王君廓對諸位將領說道：「誰能守住此城？」羅士信答道：「我願意來守城。」羅士信入城後，被敵人全力圍攻。當時正在下雪，救援的軍隊不能前進，城池失陷了。劉黑闥想要招降羅士信，羅士信不願屈服而被處死，年僅二十八歲。秦王沉痛非常，為悼念他，封給他「勇」的謚號。

（五）唐朝驍將段志玄

唐朝開國名將段志玄（西元五九八至六四二年），濟南人，以勇武著稱。他隨秦王李世民南征北戰，東討西伐，屢立戰功；他多次善施計謀，轉敗為勝，其躍馬脫險的武功，堪為漢代「飛將軍」李廣再現，聞名四方。

第五章　千里鄉音曾記否

　　段志玄自幼熟讀兵法，酷愛練武，在太原隨父拜見李世民。李世民愛將心切，熱情接納了他們。晉陽起兵時，段志玄招募鄉勇千餘人，追隨李世民攻下霍邑、絳郡，一路為先鋒，作戰勇猛，殺敵無數。

段志玄像

　　大業十四年（西元六一八年），隋代王楊侑命大將軍屈突通率軍屯河東，以阻遏李淵軍向京城逼近。屈突通部將桑顯和，與李淵軍劉文靜對陣，劉文靜不幸中矢，李淵軍潰敗。危急關頭，段志玄受命率二十騎勇士衝入敵陣，砍殺數十名敵人。他的腳不幸中箭流血不止，因擔心影響士氣，他

就自己包紮傷口，強忍疼痛，祕而不宣，再次引兵上陣。桑顯和不敵，節節敗退；屈突通催馬逃遁，後被生擒。

武德四年（西元六二一年）春，世民圍攻王世充所駐洛陽。段志玄奉命攻打王世充軍。他闖入敵陣，左突右衝，不慎因馬匹摔倒而被擒。敵人兩個騎兵挾持著他，抓著他的頭髮讓他過河。段志玄趁敵人不注意，縱身起跳，坐上了敵人的馬。兩個敵軍猝不及防，摔落馬下。志玄揮鞭馳去，敵兵數百騎竟不敢追。等到李世民攻破竇建德，平定了洛陽，段志玄因戰功居多升為秦王府右二護軍。後來，太子建成、齊王元吉想以金帛拉攏志玄，他都拒而不納，並密報世民。再後來，段志玄還參與了玄武門之變。後又多次升遷，擔任左驍衛大將軍，封樊國公，食邑實封九百戶。

貞觀九年（西元六三五年），唐太宗的皇后長孫氏去世。為確保喪事平安，唐太宗特下詔由段志玄、宇文士及分別統兵把守肅章門。太宗晚上派使者到兩個將軍處所，士及打開營門讓使者進入，志玄卻閉門不納，並嚴肅地說：「軍門夜間不得開。」使者說：「我有聖上敕令。」志玄說：「夜間不辨真偽，不可行。」直到天亮，他才下令將使者放行。太宗感嘆地說：「這是真正的將軍啊。」

貞觀十六年（西元六四二年），段志玄患病，臥榻不起，太宗親臨探視，志玄涕泣不止。不久，段志玄去世，太

167

宗聞訊，哀慟不已，追贈他為輔國將軍、揚州都尉，陪葬昭陵，諡「忠壯」。

以房玄齡為代表的山東文臣武將，在隋唐風雲變化之際，不甘寂寞沉淪，無論是身處隋朝卑微之職，還是參與各地義軍，最終都能順應時代發展的潮流，為唐朝的建立和貞觀之治做出了傑出的貢獻。

第三節　尋訪名勝故鄉情

在地方官員和故里鄉親的幫助下，房玄齡順利地安葬了父親，也了卻了身為兒女的一份心願。自從十八歲離開齊州，房玄齡已經多年未回故里。他對故鄉的山山水水感到相當親切，他十分珍惜這次難得的時間和機會，趁此尋訪和遊覽故鄉的風景名勝。

房玄齡當時在地方官員和家鄉父老的陪同下，參觀了千佛山、靈鷲寺、趵突泉（濼水）、黃石崖造像、玉函山造像，還瞻仰了叔父房豹生前建設的「房家園子」。

（一）千佛山

千佛山，海拔兩百八十五公尺，占地一百六十六萬平方公尺，與趵突泉、大明湖並稱為濟南三大名勝。千佛山，古

時稱歷山，相傳遠古時代的虞舜耕稼於此。不同的朝代又有不同的稱謂：春秋時稱靡笄山，戰國時稱靡山，南北朝稱舜山、廟山、舜耕山，亦稱遷袚山。隋開皇年間，依山勢鑿窟，雕佛像多尊，並建「千佛寺」，漸有「千佛山」之稱。千佛山橫列東西，蔚然深秀，從遠處望去，松柏夾道，濃陰蔽日。自元代始，每年農曆「三月三」和「九月九」重陽節，人們均會在千佛山舉辦廟會。

千佛山全景圖 趙經孝 / 攝

興國禪寺

興國禪寺，位於千佛山陰山半腰，南依峭壁，北面泉城，是千佛山的主體建築，創建於隋開皇年間，時稱「千佛寺」。唐貞觀年間，經擴建，改稱為「興國禪寺」。元末，毀於戰亂，明成化四年（西元一四六八年）修復。

第五章　千里鄉音曾記否

興國禪寺

　　大雄寶殿在寺院內東側，坐東朝西，雄偉壯觀。殿內正中蓮花寶座上，供奉著佛祖釋迦牟尼塑像，兩側菩薩、羅漢侍立，南北側分別塑普賢、文殊菩薩和阿難、迦葉等十大弟子。釋迦牟尼塑像背後，觀世音菩塑像面東站立、左右侍童子。玉佛殿在大雄寶殿北側，坐北朝南，殿中央佛龕內供釋迦牟尼坐像，白玉石質，玉佛西側佛龕內供奉地藏王菩薩。菩薩殿在大雄寶殿南側，坐南朝北，中央佛龕內供觀世音菩薩，東西兩側分別為地藏菩薩、千手觀音菩薩。寺院中央有一座大殿。殿內，彌勒佛像迎山門趺坐，其背後，韋馱菩薩面東站立。

千佛崖

千佛崖，亦稱千佛岩。在千佛山興國禪寺南側的石崖上，自西向東，石崖上有多個洞窟，在洞內洞外和石崖上有隋開皇七年至十五年（西元五八七至五九五年）所鐫刻的大小坐立佛像，是濟南地區雕鑿歷史較早的石窟造像群。主窟為極樂洞，其他各窟皆散落在洞外石壁上。有的高居壁頂，有的舉手可及，有的一二尊成窟，有的三五尊成區，參差錯落。這些佛像雕刻精緻，刀法純熟，線條流暢，體態豐腴，栩栩如生。有的身著棉衣，有的手拈蓮花，有的凝神蹙眉，有的結跏趺坐，有的合掌禪定，神態各異，唯妙唯肖。

千佛崖

第五章　千里鄉音曾記否

唐槐亭

　　唐槐亭，位於千佛山腰盤道中途約兩百公尺的路北側，因處登山盤路之半，故名半山亭。亭西側有一古槐，雖年代久遠，但卻依然茂盛。傳說，唐朝開國名將胡國公秦瓊曾拴馬於此，故世稱「秦瓊拴馬槐」。唐槐亭因樹得名。

　　據志書記載，這裡原為紀念曾鞏的曾鞏祠。祠前，明朝正統年間曾立碑，對該祠做了詳細記載。歷經滄桑，此碑不知去向，久之，人們便將曾公祠誤認為秦瓊廟。此亭，丹株十六，分為四行，寶頂飛檐，造型精美，玲瓏剔透。亭周圍以石欄，中設石桌石凳，人在其中甚感清涼，是休息觀景的理想去處。亭南側懸匾額，上題「唐槐亭」三個鎦金大字，亭、槐、書法藝術融為一體，是千佛山獨具特色的一大景觀。

唐槐亭

（二）靈鷲寺

　　靈鷲寺位於歷城區港溝鎮西邢村，東距房彥謙墓約五千公尺。相傳李世民率軍東征，曾屯兵於此，見這裡人傑地靈，便修築了武聖堂，還親手種下三棵國槐，以示紀念。後來某日午夜，李世民在武聖堂前沉沉睡去，忽聽一陣奇異的叫聲。他睜眼一看，見一隻美麗的大鳥停留在武聖堂前，停棲片刻後扶搖直上。李世民認為是神靈顯現，不久他又打了勝仗，於是重修武聖堂，並將其改名為靈鷲寺。後來幾經修建，增修了禪門、憨師殿、佛爺殿，招納僧侶，講經供佛，命名靈鷲禪林。

靈鷲禪林

　　靈鷲寺規模宏大，別具一格。總面積四萬多平方公尺，分三個區域，除東西兩處塔林占地二點七萬多平方公尺外，

第五章　千里鄉音曾記否

廟宇占地一點三萬多平方公尺，由五個部分構成。西南方為
學堂、至善堂和武聖堂；西北方為車馬棚、草料場、木工
間、鹽店；中間寺廟主體由禪門、憨師殿、如來殿、觀音
殿、千佛大閣組成，並各自成院，相互連接，配廂房。建築
布局呈倒梯形，南窄北寬，全寺殿之內各類佛像皆為木胎，
共計百餘，姿態各異，形象逼真。

靈鷲寺全景

靈鷲寺後閣樓

（三）趵突泉（濼水）

趵突泉，位於歷下區趵突泉公園濼源堂前。《左傳·桓公十八年》記載：「公會齊侯於濼。」西元前六九四年，魯桓公與齊襄公相會的史實，說明在那之前就有了「濼」這個名稱了。北魏酈道元在《水經注》中寫道：「水出歷城縣故城西南，泉源上奮，水湧若輪。」

趵突泉泉池呈長方形，長三十公尺，寬十八公尺，深兩公尺。北臨濼源堂，西傍觀瀾亭，東架來鶴橋，南有長廊圍合。金代〈名泉碑〉、明代晏璧〈七十二泉詩〉和清代赫植

恭〈七十二泉記〉均有著錄。

趵突泉地表向下八公尺，是第四紀砂礫、黏土層，八至八十公尺為奧陶紀白雲質石灰岩，在三十公尺以上的大理岩中，裂隙、溶洞特別發育，這些裂隙、溶洞成為地下水集中和上升的通道。上升的地下水流從相距兩三公尺的兩個洞隙中躥出地面，成為趵突泉三股水中的南北兩股；從北股洞隙中又分流出一股水，在靠近北股的南側湧出地表，即為中間一股。

清朝劉鶚《老殘遊記》載：「池子正中間有三股大泉，從池底冒出，翻上水面有二三尺高。」由於趵突泉景觀奇特，被古人列為「歷城八景」之一，歷代文人，如曾鞏、元好問、趙孟頫、張養浩、王守仁、王士禎、蒲松齡等讚詠。

池中小泉頗多，水泡如泄珠璣，簇簇串串，飄飄悠悠，尤為壯觀。

（四）黃石崖造像

黃石崖位於千佛山以南，相傳秦時黃石公曾隱居在此，山腰處有一片裸露的石崖，遠望呈暗黃色，故城「黃石崖」。崖上古有「樂緣寺」，時稱「樂寺頂」，又名「螺絲頂」。崖前為一天然石臺，長約三十公尺，上方懸崖探出。狀如披廈，下方陡壁上羅列大量造佛像和石窟佛龕。據題記記載，造像是北魏正光四年（西元五二三年）到東魏興和二

年（西元五四〇年）的作品，造像
者施主與發起者的身分有中下級地
方官吏，也有僧尼和信眾。所雕佛
像高者一點六公尺，小者僅二十多
公分，皆秀骨清姿，寬袍大袖，臉
瘦長，昂眉、杏眼、直鼻，鼻垂呈
三角形，底平無孔，兩耳垂與下顎
平，口角上翹，含笑意。衣紋流轉
自如，遒勁有力。脅侍菩薩或梳高
髻或戴花瓣冠，面目特徵與佛像
同。崖壁上有飛天形象，皆為平面
線刻薄雕，多正損泐，僅有幾處尚
可辨察；瘦臉、長頸、細腰，長帶
飄拂，飛雲流轉，頗為生動。佛龕
多為尖拱。拱額有火焰、唐草、飛
天、供養者、佛傳圖等裝飾。黃石
崖造像與洛陽龍門石窟一脈相承，
屬北魏後期的雕塑體系。其造像題
記都為正書，蒼古樸拙，含有較多
的隸書韻味。

黃石崖造像

第五章　千里鄉音曾記否

（五）玉函山西佛峪摩崖造像

　　玉函山主峰海拔五百二十三公尺，是泰山北麓較高的峰巒之一。據《太平廣記》載：「昔漢武帝登此山，得玉函，長五寸。帝下山，玉函忽化為白鳥飛去。」因而得名。

　　造像位於玉函山東北至西南走向的崖面上，俗名西佛峪。玉函山西佛峪造像上下共分五層，第一層有十一尊，第二層二十六尊，第三層八尊，第四層三十二尊，第五層有十三尊。佛像高者達一百三十公分、矮者僅十五公分。現存佛像九十多尊，題記共計十六則，其中有隋代題記八則，最早的為隋開皇四年（西元五八四年），最晚的是開皇二十年（西元六〇〇年）。

玉函山西佛峪摩崖造像

玉函山第二十四龕菩薩像

玉函山第二十八龕菩薩像

玉函山西佛峪造像集中在隋朝開皇年間，與濟南地區北魏晚期的摩崖龕窟造像相比，有了一些變化，展現了隋朝初年濟南地區造像的一些特點。比如，佛的頭部比例一般較大，面像豐圓，身軀豐滿，肩部厚實，近於平肩，衣飾較簡潔，均為雙領下垂袈裟。菩薩面像柔和，嘴角含笑，身軀趨於修長，腹部微微鼓出，衣紋簡潔，纓絡及串珠飾物也有了變化，像斜挎在身上的長串珠飾，是隋代菩薩裝飾的一個特點。另外，菩薩像還保留了一些北朝造像的特點，特別是披帛下擺腹前交叉、穿壁，在大多數的玉函山菩薩像中均可見到。

從題記來看，玉函山造像的內容比較豐富，有釋迦牟尼像、彌勒佛、阿彌陀佛、觀世音菩薩等。

（六）房家園子

齊博陵君豹，即房玄齡祖父房雄胞弟房豹，他曾任北齊博陵太守，以清靜無為之旨理政，正聲隆盛，因此人稱「博陵君」，房家園子即房豹建造。房家園子的位置，據道光《濟南府志》卷十一引舊志記載，應「在府城內東北隅」，上推隋唐時期歷城的北郭之內、東城北側。

房豹曾自豪地稱「昔季倫金谷山泉，何必逾此」，金谷園是西晉石崇的別墅，面積之廣，裝飾之豪，史上有名。房豹既自詡房家園超越金谷園，段成式亦云居家園「泉石崇隧」，可見房家園的規模的確不小，估計也有「柏木幾於萬株」這樣的規模。

第四節　房玄齡生活花絮

房玄齡主要的事蹟在《舊唐書》、《新唐書》中都有記載，而在民間還廣泛流傳著與他有關的故事。

（一）盧氏刺目明志

房玄齡的妻子盧氏性情剛烈，秉性善良。房玄齡在仕隋期間，生活落魄，盧氏不離不棄，與丈夫同甘共苦。一次，房玄齡得了很重的病，奄奄一息。他把妻子叫到床前，

拉著她的手說：「我的病恐怕治不好了，妳還年輕，不宜守寡，希望你能好好侍奉以後的丈夫。」盧氏十分感動，淚流滿面，卻一言不發，默默地走到帷帳裡面，拔下頭上的一根銀簪，朝自己的左眼猛地刺去，血流滿面。病重的房玄齡驚得出了一身冷汗，忽地坐起來，說道：「夫人，妳這是做什麼！」盧氏一手搗目，強忍悲痛，跪倒丈夫床前，說道：「你我結髮以來，情篤誼厚，夫君如有不測，妾絕不再嫁他人，故自毀一目，以明吾志！」房玄齡不禁捶床大哭，命人速將妻子扶出請郎中醫治。

經過這次事件，房玄齡的病一天天好起來。從此，玄齡對盧氏敬畏有加，二人恩愛終生。

（二）吃醋的故事

有關房玄齡「畏見其妻」的記載，見於唐人劉悚的《隋唐嘉話》：「梁公夫人至妒，太宗將賜公美人，屢辭不受。帝乃令皇后召夫人，告以媵妾之流，今有常制，且司空年暮，帝欲有所優詔之意。夫人執心不回。帝乃令謂之曰：『若寧不妒而生，寧妒而死？』曰：『妾寧妒而死。』乃遣酌卮酒與之，曰：『若然，可飲此酖。』一舉便盡，無所留難。帝曰：『我尚畏見，何況於玄齡！』」

這則故事的大意是：房玄齡的夫人嫉妒心極強，唐太宗

第五章　千里鄉音曾記否

打算賞賜美人給房玄齡，房玄齡屢次辭謝不接受。太宗皇帝便命皇后召見盧氏，告訴她：「侍妾之事，如今朝廷有規定。況且司空（房玄齡官稱）年紀大了，皇帝打算予以優待。」盧氏聽後，執意不改。於是，太宗便叫皇后嚇唬她：「您是寧願不再嫉妒而活著呢，還是寧願為嫉妒而去死呢？」盧氏回答道：「我寧願為嫉妒而去死。」太宗聽後，派人送來一杯酒給她，說：「如果是這樣的話，妳可以喝了這杯毒酒。」盧氏舉杯一飲而盡，毫無畏懼。太宗聽說了，笑著說：「如此剛烈，朕都懼怕，何況是老實的房玄齡呢！」其實太宗讓她喝的不是毒酒，而是醋，這也是民間「吃醋」典故由來的版本之一。

結語
人雖遠逝名流芳

結語　人雖遠逝名流芳

　　一代名相房玄齡，於貞觀二十二年（西元六四八年）七月二十四日離世，走完了他光輝的人生旅程。巨星隕落，山河同悲。

　　昭陵是唐太宗為自己預修的陵墓，位於陝西省的九嵕山上。唐代實行功臣陪葬制，起自唐高祖李淵的獻陵，但是形成制度並頒定明詔卻是在貞觀時期。貞觀十一年（西元六三七年）二月，唐太宗下詔：「自今已後，功臣密戚及德業佐時者，如有薨亡，宜賜塋地一所，及以祕器，使窀穸之時，喪事無闕。所司依此營備，稱朕意焉。」同年十月，太宗又「詔勛戚亡者皆陪葬山陵」。對此，胡三省註釋說：「凡功臣密戚請陪陵葬者聽之，以文武分為左右而列。」關於昭陵陪葬的數量，文獻記載差別較大。據宋人王溥《唐會要》卷二十一所載，陪葬墓有一百五十多座。現知昭陵陪葬墓有一百八十多座，其中以功臣占大多數，還包括部分少數民族將領，這反映了唐太宗對輔弼重臣的榮寵，展現了他君臣共治天下的思想。

陝西禮泉縣昭陵陵區 房玄齡簡介、刻像

房玄齡身後陪葬昭陵，由褚遂良書〈房玄齡碑〉。

房玄齡十八歲時，就離開了生育、滋養他的齊州大地，把全部智慧都奉獻給了大唐偉業，鞠躬盡瘁，恪盡職守。在他輔佐唐太宗的幾十年時間裡，君臣協力，上下同心，國家實現國泰民安、繁榮富強，創造出歷史上享有盛譽的「貞觀之治」。房玄齡為唐初的政治、經濟、法制、文化、教育事業做出了傑出的貢獻，是古代良相的傑出代表。

結語 人雖遠逝名流芳

陝西禮泉縣房玄齡墓鳥瞰

陝西禮泉縣房玄齡墓

附錄一
《隋書‧房彥謙傳》

《四庫全書》本《隋書·房彥謙傳》書影

　　房彥謙字孝沖，本清河人也。七世祖諶，仕燕太尉掾，隨慕容氏遷於齊，子孫因家焉。世為著姓。高祖法壽，魏青、冀二州刺史，壯武侯。曾祖伯祖，齊郡、平原二郡太守，祖翼，宋安太守，並世襲爵壯武侯。父熊，釋褐州主簿，行清河、廣川二郡守。彥謙早孤，不識父，為母兄之所鞠養。長兄彥詢，雅有清鑑，以彥謙天性穎悟，每奇之，親教讀書。年七歲，誦數萬言，為宗黨所異。十五，出後叔父子貞，事所繼母，有逾本生，子貞哀之，撫養甚厚。後丁所繼母憂，勺飲不入

口者五日。事伯父樂陵太守豹，竭盡心力，每四時珍果，口弗先嘗。遇期功之戚，必蔬食終禮，宗從取則焉。其後受學於博士尹琳，手不釋卷，遂通涉五經。解屬文，工草隸，雅有詞辯，風概高人。年十八，屬廣寧王孝珩為齊州刺史，闢為主簿。時禁網疏闊，州郡之職尤多縱弛。及彥謙在職，清簡守法，州境肅然，莫不敬憚。及周師入鄴，齊主東奔，以彥謙為齊州治中。彥謙痛本朝傾覆，將糾率忠義，潛謀匡輔。事不果而止。齊亡，歸於家。周帝遣柱國辛遵為齊州刺史，為賊帥輔帶劍所執。彥謙以書諭之，帶劍慚懼，送遵還州，諸賊並各歸首。

及高祖受禪之後，遂優遊鄉曲，誓無仕心。開皇七年，刺史韋藝固薦之，不得已而應命。吏部尚書盧愷一見重之，擢授承奉郎，俄遷監察御史。後屬陳平，奉詔安撫泉、括等十州，以銜命稱旨，賜物百段，米百石，衣一襲，奴婢七口。遷秦州總管錄事參軍。嘗因朝集，時左僕射高熲定考課，彥謙謂熲曰：「書稱三載考績，黜陟幽明，唐、虞以降，代有其法。黜陟合理，褒貶無虧，便是進必得賢，退皆不肖。如或舛謬，法乃虛設。比見諸州考校，執見不同，進退多少，參差不類。況復愛憎肆意，致乖平坦，清介孤直，未必高名，卑諂巧官，翻居上等。直為真偽混淆，是非瞀亂。宰貴既不精練，斟酌取捨，曾經驅使者，多以蒙識獲成，未歷臺省者，皆為不知被退。又四方懸遠，難可詳悉，唯量準人數，半破

半成。徒計官員之少多，莫顧善惡之眾寡，欲求允當，其道無由。明公鑑達幽微，平心遇物，今所考校，必無阿枉。脫有前件數事，未審何以裁之？唯願遠布耳目，精加採訪，褒秋毫之善，貶纖介之惡。非直有光至治，亦足標獎賢能。」詞氣侃然，觀者屬目。穎為之動容，深見嗟賞，因歷問河西、隴右官人景行，彥謙對之如響。穎顧謂諸州總管、刺史曰：「與公言，不如獨與秦州考使語。」後數日，穎言於上，上弗能用。以秩滿，遷長葛令，甚有惠化，百姓號為慈父。仁壽中，上令持節使者巡行州縣，察長吏能不，以彥謙為天下第一，超授郜州司馬。吏民號哭相謂曰：「房明府今去，吾屬何用生為！」其後百姓思之，立碑頌德。郜州久無刺史，州務皆歸彥謙，名有異政。

　　內史侍郎薛道衡，一代文宗，位望清顯，所與交結，皆海內名賢。重彥謙為人，深加友敬，乃兼襄州總管，辭翰往來，交錯道路。煬帝嗣位，道衡轉牧番州，路經彥謙所，留連數日，屑涕而別。黃門侍郎張衡，亦與彥謙相善。於時帝營東都，窮極侈麗，天下失望。又漢王構逆，罹罪者多。彥謙見衡當塗而不能匡救，以書諭之曰：

　　竊聞賞者所以勸善，刑者所以懲惡，故疏賤之人，有善必賞，尊貴之戚，犯惡必刑。未有罰則避親，賞則遺賤者也。今諸州刺史，受委宰牧，善惡之間，上達本朝，懾憚憲章，不敢怠慢。國家祗承靈命，作民父母，刑賞曲直，升聞於天，

蠁畏照臨，亦宜謹肅。故文王云：「我其夙夜，畏天之威。」以此而論，雖州國有殊，高下懸邈，然憂民慎法，其理一也。

至如并州釁逆，須有甄明。若楊諒實以詔命不通，慮宗社危逼，徵兵聚眾，非為干紀，則當原其本情，議其刑罰，上副聖主友於之意，下曉愚民疑惑之心；若審知內外無虞，嗣後纂統，而好亂樂禍，妄有覬覦，則管、蔡之誅，當在於諒，同惡相濟，無所逃罪，梟懸孥戮，國有常刑。其間乃有情非協同，力不自固，或被擁逼，淪陷凶威，遂使籍沒流移，恐為冤濫。恢恢天網，豈其然乎？罪疑從輕，斯義安在？昔叔向置鬻獄之死，晉國所嘉，釋之斷犯蹕之刑，漢文稱善。羊舌寧不愛弟，廷尉非苟違君，但以執法無私，不容輕重。

且聖人大寶，是曰神器，苟非天命，不可妄得。故蚩尤、項籍之驍勇，伊尹、霍光之權勢，李老、孔丘之才智，呂望、孫武之兵術，吳、楚連磐石之據，產、祿承母后之基，不應歷運之兆，終無帝王之位。況乎蕞爾一隅，蜂扇蟻聚，楊諒之愚鄙，群小之凶愚，而欲馮陵畿甸，覬幸非望者哉！開闢以降，書契云及，帝皇之跡，可得而詳。自非積德累仁，豐功厚利，孰能道洽幽顯，義感靈祇。是以古之哲王，昧旦丕顯，履冰在念，御朽競懷。逮叔世驕荒，曾無戒懼，肆於民上，騁嗜奔欲，不可具載，請略陳之。

曩者齊、陳二國，並居大位，自謂與天地合德，日月齊明，罔念憂虞，不恤刑政。近臣懷寵，稱善而隱惡，史官曲

附錄一　《隋書·房彥謙傳》

筆，掩瑕而錄美。是以民庶呼嗟，終閉塞於視聽，公卿虛譽，日數陳於左右。法網嚴密，刑辟日多，徭役煩興，老幼疲苦。昔鄭有子產，齊有晏嬰，楚有叔敖，晉有士會。凡此小國，尚足名臣，齊、陳之疆，豈無良佐？但以執政壅蔽，懷私徇軀，忘國憂家，外同內忌。設有正直之士，才堪干持，於己非宜，即加擯壓；倘遇諂佞之輩，行多穢匿，於我有益，遽蒙薦舉。以此求賢，何從而至！夫賢材者，非尚膂力，豈系文華，唯須正身負戴，確乎不動。譬棟之處屋，如骨之在身，所謂棟樑骨鯁之材也。齊、陳不任骨鯁，信近讒諛，天高聽卑，監其淫僻，故總收神器，歸我大隋。向使二國祇敬上玄，惠恤鰥寡，委任方直，斥遠浮華，卑菲為心，惻隱為務，河朔強富，江湖險隔，各保其業，民不思亂，泰山之固，弗可動也。然而寢臥積薪，宴安鴆毒，遂使禾黍生廟，霧露沾衣，弔影撫心，何嗟及矣！故詩云：「殷之未喪師，克配上帝。宜鑑於殷，駿命不易。」萬機之事，何者不須熟慮哉！

伏唯皇帝望雲就日，仁孝夙彰，錫社分珪，大成規矩。及總統淮海，盛德日新，當璧之符，遐邇金屬。贊歷甫爾，寬仁已布，率土蒼生，翹足而喜。并州之亂，變起倉卒，職由楊諒詭惑，迋誤吏民，非有構怨本朝，棄德從賊者也。而有司將帥，稱其願反，非止誣陷良善，亦恐大點皇猷。足下宿當重寄，早預心膂，粵自藩邸，柱石見知。方當書名竹帛，傳芳萬古，稷、契、伊、呂，彼獨何人？既屬明時，須存謇諤，

192

立當世之大誠，作將來之憲範。豈容曲順人主，以愛虧刑，又使脅從之徒，橫貽罪譴？忝蒙眷遇，輒寫微誠，野人愚瞽，不知忌諱。

衡得書嘆息，而不敢奏聞。

彥謙知王綱不振，遂去官隱居不仕，將結構蒙山之下，以求其志。會置司隸官，盛選天下知名之士。朝廷以彥謙公方宿著，時望所歸，徵授司隸刺史。彥謙亦慨然有澄清天下之志，凡所薦舉，皆人倫表式。其有彈射，當之者曾無怨言。司隸別駕劉炕，陵上侮下，訐以為直，刺史憚之，皆為之拜。唯彥謙執志不撓，亢禮長揖，有識嘉之。炕亦不敢為恨。

大業九年，從駕渡遼，監扶餘道軍。其後隋政漸亂，朝廷靡然，莫不變節。彥謙直道守常，介然孤立，頗為執政者之所嫉。出為涇陽令。未幾，終於官，時年六十九。

彥謙居家，每子姪定省，常為講說督勉之，亹亹不倦。家有舊業，資產素殷，又前後居官，所得俸祿，皆以周恤親友，家無餘財，車服器用，務存素儉。自少及長，一言一行，未嘗涉私，雖致屢空，怡然自得。嘗從容獨笑，顧謂其子玄齡曰：「人皆因祿富，我獨以官貧。所遺子孫，在於清白耳。」所有文筆，恢廓閒雅，有古人之深致。又善草隸，人有得其尺牘者，皆寶玩之。太原王邵，北海高構，蓨縣李綱，河東柳彧、薛孺，皆一時知名雅澹之士，彥謙並與為友。雖冠蓋成列，而門無雜賓。體資文雅，深達政務，有識者咸以遠大

許之。初，開皇中，平陳之後，天下一統，論者咸云將致太平。彥謙私謂所親趙郡李少通曰：「主上性多忌克，不納諫爭。太子卑弱，諸王擅威，在朝唯行苛酷之政，未施弘大之體。天下雖安，方憂危亂。」少通初謂不然，及仁壽、大業之際，其言皆驗。大唐馭宇，追贈徐州都督、臨淄縣公。諡曰定。

　　史臣曰：大廈云構，非一木之枝，帝王之功，非一士之略。長短殊用，大小異宜，楛桅棟樑，莫可棄也。李諤等或文能遵義，或才足干時，識用顯於當年，故事留於臺閣。參之有隋多士，取其開物成務，皆廊廟之樸椊，亦北辰之眾星也。

附錄二
《舊唐書·房玄齡傳》

附錄二　《舊唐書·房玄齡傳》

《四庫全書》本《舊唐書·房玄齡傳》書影

《四庫全書》本《舊唐書·房玄齡傳》書影

　　房喬字玄齡，齊州臨淄人。曾祖翼，後魏鎮遠將軍、宋安郡守，襲壯武伯。祖熊，字子釋，褐州主簿。父彥謙，好學，通涉五經，隋涇陽令，《隋書》有傳。

　　玄齡幼聰敏，博覽經史，工草隸，善屬文。嘗從其父至京師，時天下寧晏，論者咸以國祚方永，玄齡乃避左右告父曰：「隋帝本無功德，但誑惑黔黎，不為後嗣長計，混諸嫡庶，使相傾奪，儲後藩枝，競崇淫侈，終當內相誅夷，不足

196

保全家國。今雖清平，其亡可翹足而待。」彥謙驚而異之。年十八，本州舉進士，授羽騎尉。吏部侍郎高孝基素稱知人，見之深相嗟挹，謂裴矩曰：「僕閱人多矣，未見如此郎者。必成偉器，但恨不睹其聳壑凌霄耳。」父病綿歷十旬，玄齡盡心藥膳，未嘗解衣交睫。父終，酌飲不入口者五日。後補隰城尉。

　　會義旗入關，太宗徇地渭北，玄齡杖策謁於軍門，溫彥博又薦焉。太宗一見，便如舊識，署渭北道行軍記室參軍。玄齡既遇知己，罄竭心力，知無不為。賊寇每平，眾人競求珍玩，玄齡獨先收人物，致之幕府。及有謀臣猛將，皆與之潛相申結，各盡其死力。

　　既而隱太子見太宗勳德尤盛，轉生猜間。太宗嘗至隱太子所，食，中毒而歸，府中震駭，計無所出。玄齡因謂長孫無忌曰：「今嫌隙已成，禍機將發，天下恟恟，人懷異志。變端一作，大亂必興，非直禍及府朝，正恐傾危社稷。此之際會，安可不深思也！僕有愚計，莫若遵周公之事，外寧區夏，內安宗社，申孝養之禮。古人有云，『為國者不顧小節』，此之謂歟。孰若家國淪亡，身名俱滅乎？」無忌曰：「久懷此謀，未敢披露，公今所說，深會宿心。」無忌乃入白之。太宗召玄齡謂曰：「阽危之兆，其跡已見，將若之何？」對曰：「國家患難，今古何殊。自非睿聖欽明，不能安輯。大王功蓋天地，事鐘壓紐，神贊所在，匪藉人謀。」因與府屬杜如

晦同心戮力。仍隨府遷授秦王府記室，封臨淄侯；又以本職兼陝東道大行臺考功郎中，加文學館學士。玄齡在秦府十餘年，常典管記，每軍書表奏，駐馬立成，文約理贍，初無稿草。高祖嘗謂侍臣曰：「此人深識機宜，足堪委任。每為我兒陳事，必會人心，千里之外，猶對面語耳。」隱太子以玄齡、如晦為太宗所親禮，甚惡之，譖之於高祖，由是與如晦並被驅斥。

隱太子將有變也，太宗令長孫無忌召玄齡及如晦，令衣道士服，潛引入閣計事。及太宗入春宮，擢拜太子右庶子，賜絹五千匹。貞觀元年，代蕭瑀為中書令。論功行賞，以玄齡及長孫無忌、杜如晦、尉遲敬德、侯君集五人為第一，進爵邢國公，賜實封千三百戶。太宗因謂諸功臣曰：「朕敘公等勛效，量定封邑，恐不能盡當，各許自言。」皇從父淮安王神通進曰：「義旗初起，臣率兵先至。今房玄齡、杜如晦等刀筆之吏，功居第一，臣竊不服。」上曰：「義旗初起，人皆有心。叔父雖率得兵來，未嘗身履行陣。山東未定，受委專征，建德南侵，全軍陷沒。及劉黑闥翻動，叔父望風而破。今計勛行賞，玄齡等有籌謀帷幄、定社稷之功，所以漢之蕭何，雖無汗馬，指蹤推轂，故得功居第一。叔父於國至親，誠無所愛，必不可緣私，濫與功臣同賞耳。」初，將軍丘師利等咸自矜其功，或攘袂指天，以手畫地，及見神通理屈，自相謂曰：「陛下以至公行賞，不私其親，吾屬何可妄訴？」

三年，拜太子少師，固讓不受，攝太子詹事，兼禮部尚書。明年，代長孫無忌為尚書左僕射，改封魏國公，兼修國史。既任總百司，虔恭夙夜，盡心竭節，不欲一物失所。聞人有善，若己有之。明達吏事，飾以文學，審定法令，意在寬平。不以求備取人，不以己長格物，隨能收敘，無隔卑賤。論者稱為良相焉。或時以事被譴，則累日朝堂，稽顙請罪，悚懼踧踖，若無所容。九年，護高祖山陵制度，以功加開府儀同三司。十一年，與司空長孫無忌等十四人並代襲刺史，以本官為宋州刺史，改封梁國公，事竟不行。

　　十三年，加太子少師，玄齡頻表請解僕射，詔報曰：「夫選賢之義，無私為本；奉上之道，當仁是貴。列代所以弘風，通賢所以協德。公忠肅恭懿，明允篤誠。草昧霸圖，綢繆帝道。儀刑黃閣，庶政唯和；輔翼春宮，望實斯著。而忘彼大體，徇茲小節，雖恭教諭之職，乃辭機衡之務，豈所謂弼予一人，共安四海者也？」玄齡遂以本官就職。時皇太子將行拜禮，備儀以待之，玄齡深自卑損，不敢修謁，遂歸於家。有識者莫不重其崇讓。玄齡自以居端揆十五年，女為韓王妃，男遺愛尚高陽公主，實顯貴之極，頻表辭位，優詔不許。十六年，又與士廉等同撰《文思博要》成，錫賚甚優。進拜司空，仍綜朝政，依舊監修國史。玄齡抗表陳讓，太宗遣使謂之曰：「昔留侯讓位，竇融辭榮，自懼盈滿，知進能退，善鑑止足，前代美之。公亦欲齊蹤往哲，實可嘉尚。然國家久相任使，

一朝忽無良相，如失兩手。公若筋力不衰，無煩此讓。」玄齡遂止。

十七年，與司徒長孫無忌等圖形於凌煙閣，贊曰：「才兼藻翰，思入機神。當官勵節，奉上忘身。」高宗居春宮，加玄齡太子太傅，仍知門下省事，監修國史如故。尋以撰高祖、太宗實錄成，降璽書褒美，賜物一千五百段。其年，玄齡丁繼母憂去職，特敕賜以昭陵葬地。

未幾，起複本官。太宗親征遼東，命玄齡京城留守，手詔曰：「公當蕭何之任，朕無西顧之憂矣。」軍戎器械，戰士糧廩，並委令處分發遣。玄齡屢上言敵不可輕，尤宜誡慎。尋與中書侍郎褚遂良受詔重撰《晉書》，於是奏取太子左庶子許敬宗、中書舍人來濟、著作郎陸元仕劉子翼、前雍州刺史令狐德棻、太子舍人李義府薛元超、起居郎上官儀等八人，分功撰錄，以臧榮緒《晉書》為主，參考諸家，甚為詳洽。然史官多是文詠之士，好采詭謬碎事，以廣異聞；又所評論，競為綺豔，不求篤實，由是頗為學者所譏。唯李淳風深明星曆，善於著述，所修《天文》、《律曆》、《五行》三志，最可觀採。太宗自著宣、武二帝及陸機、王羲之四論，於是總題雲御撰。至二十年，書成，凡一百三十卷，詔藏於祕府，頒賜加級各有差。

玄齡嘗因微譴歸第，黃門侍郎褚遂良上疏曰：「君為元首，臣號股肱，龍躍雲興，不嘯而集，苟有時來，千年朝暮。

陛下昔在布衣，心懷拯溺，手提輕劍，仗義而起。平諸寇亂，皆自神功，文經之助，頗由輔翼。為臣之勤，玄齡為最。昔呂望之扶周武，伊尹之佐成湯，蕭何關中，王導江外，方之於斯，可以為匹。且武德初策名伏事，忠勤恭孝，眾所同歸。而前宮、海陵，馮凶恃亂，干時事主，人不自安，居累卵之危，有倒懸之急，命視一刻，身縻寸景，玄齡之心，終始無變。及九年之際，機臨事迫，身被斥逐，闕於謀謀，猶服道士之衣，與文德皇后同心影助，其於臣節，自無所負。及貞觀之始，萬物唯新，甄吏事君，物論推與，而勛庸無比，委質唯舊。自非罪狀無赦，搢紳同尤，不可以一犯一愆，輕示遐棄。陛下必矜玄齡齒髮，薄其所為，古者有諷諭大臣遣其致仕，自可在後，式遵前事，退之以禮，不失善聲。今數十年勛舊，以一事而斥逐，在外云云，以為非是。夫天子重大臣則人盡其力，輕去就則物不自安。臣以庸薄，忝預左右，敢冒天威，以申管見。」

二十一年，太宗幸翠微宮，授司農卿李緯為民部尚書。玄齡時在京城留守，會有自京師來者，太宗問曰：「玄齡聞李緯拜尚書如何？」對曰：「玄齡但云李緯好髭鬚，更無他語。」太宗遽改授緯洛州刺史，其為當時準的如此。

二十二年，駕幸玉華宮，時玄齡舊疾發，詔令臥總留臺。及漸篤，追赴宮所，乘擔輿入殿，將至御座乃下。太宗對之流涕，玄齡亦感咽不能自勝。敕遣名醫救療，尚食每日供御

膳。若微得減損，太宗即喜見顏色；如聞增劇，便為改容悽愴。玄齡因謂諸子曰：「吾自度危篤，而恩澤轉深，若孤負聖君，則死有餘責。當今天下清謐，咸得其宜，唯東討高麗不止，方為國患。主上含怒意決，臣下莫敢犯顏；吾知而不言，則銜恨入地。」遂抗表諫曰：

臣聞兵惡不戢，武貴止戈。當今聖化所覃，無遠不屆，泊上古所不臣者，陛下皆能臣之，所不制者，皆能制之。詳觀今古，為中國患害者，無如突厥。遂能坐運神策，不下殿堂，大小可汗，相次束手，分典禁衛，執戟行間。其後延陀鴟張，尋就夷滅，鐵勒慕義，請置州縣，沙漠以北，萬里無塵。至如高昌叛換於流沙，吐渾首鼠於積石，偏師薄伐，俱從平蕩。高麗歷代逋誅，莫能討擊。陛下責其逆亂，弒主虐人，親總六軍，問罪遼、碣。未經旬月，即拔遼東，前後虜獲，數十萬計，分配諸州，無處不滿。雪往代之宿恥，掩崤陵之枯骨，比功較德，萬倍前王。此聖心之所自知，微臣安敢備說。

且陛下仁風被於率土，孝德彰於配天。睹夷狄之將亡，則指期數歲；授將帥之節度，則決機萬里。屈指而候驛，視景而望書，符應若神，算無遺策。擢將於行伍之中，取士於凡庸之末。遠夷單使，一見不忘；小臣之名，未嘗再問。箭穿七札，弓貫六鈞。加以留情墳典，屬意篇什，筆邁鐘、張，辭窮班、馬。文鋒既振，則管磬自諧；輕翰暫飛，則花花競發。

扶萬姓以慈，遇群臣以禮。褒秋毫之善，解吞舟之網。逆耳之諫必聽，膚受之訴斯絕。好生之德，洽障塞於江湖；惡殺之仁，息鼓刀於屠肆。鳬鶴荷稻粱之惠，犬馬蒙帷蓋之恩。降乘吮思摩之瘡，登堂臨魏徵之柩。哭戰亡之卒，則哀動六軍；負填道之薪，則精感天地。重黔黎之大命，特盡心於庶獄。臣心識昏憒，豈足論聖功之深遠，談天德之高大哉！陛下兼眾美而有之，靡不備具，微臣深為陛下惜之重之，愛之寶之。

《周易》曰：「知進而不知退，知存而不知亡，知得而不知喪。」又曰：「知進退存亡，不失其正者，唯聖人乎！」由此言之，進有退之義，存有亡之機，得有喪之理，老臣所以為陛下惜之者，蓋此謂也。老子曰：「知足不辱，知止不殆。」謂陛下威名功德，亦可足矣；拓地開疆，亦可止矣。彼高麗者，邊夷賤類，不足待以仁義，不可責以常禮。古來以魚鱉畜之，宜從闊略。若必欲絕其種類，恐獸窮則搏。且陛下每決一死囚，必令三覆五奏，進素食、停音樂者，蓋以人命所重，感動聖慈也。況今兵士之徒，無一罪戾，無故驅之於行陣之間，委之於鋒刃之下，使肝腦塗地，魂魄無歸，令其老父孤兒、寡妻慈母，望轜車而掩泣，抱枯骨以摧心，足以變動陰陽，感傷和氣，實天下冤痛也。且兵者凶器，戰者危事，不得已而用之。向使高麗違失臣節，陛下誅之可也；侵擾百姓，而陛下滅之可也；久長能為中國患，而陛下除之可也。有一於此，雖日殺萬夫，不足為愧。今無此三條，坐

煩中國，內為舊王雪恥，外為新羅報仇，豈非所存者小，所損者大？

願陛下遵皇祖老子止足之誡，以保萬代巍巍之名。發霈然之恩，降寬大之詔，順陽春以布澤，許高麗以自新，焚凌波之船，罷應募之眾，自然華夷慶賴，遠肅邇安。臣老病三公，旦夕入地，所恨竟無塵露，微增海岳。謹罄殘魂餘息，預代結草之誠。倘蒙錄此哀鳴，即臣死且不朽。

太宗見表，謂玄齡子婦高陽公主曰：「此人危慇如此，尚能憂我國家。」

後疾增劇，遂鑿苑牆開門，累遣中使候問。上又親臨，握手敘別，悲不自勝。皇太子亦就之與之訣。即目授其子遺愛右衛中郎將，遺則中散大夫，使及目前見其通顯。尋薨，年七十。廢朝三日，冊贈太尉、并州都督，諡曰文昭，給東園祕器，陪葬昭陵。玄齡嘗誡諸子以驕奢沉溺，必不可以地望凌人，故集古今聖賢家誡，書於屏風，令各取一具，謂曰：「若能留意，足以保身成名。」又云：「袁家累葉忠節，是吾所尚，汝宜師之。」高宗嗣位，詔配享太宗廟庭。

子遺直嗣，永徽初為禮部尚書、汴州刺史。次子遺愛，尚太宗女高陽公主，拜駙馬都尉，官至太府卿、散騎常侍。初，主有寵於太宗，故遺愛特承恩遇，與諸主婿禮秩絕異。主既驕恣，謀黜遺直而奪其封爵，永徽中誣告遺直無禮於己。高宗令長孫無忌鞫其事，因得公主與遺愛謀反之狀。遺愛伏

誅，公主賜自盡，諸子配流嶺表。遺直以父功特宥之，除名為庶人。停玄齡配享。

......

史臣曰：房、杜二公，皆以命世之才，遭逢明主，謀猷允協，以致昇平。議者以比漢之蕭、曹，信矣。然萊成之見用，文昭之所舉也。世傳太宗嘗與文昭圖事，則曰「非如晦莫能籌之」。及如晦至焉，竟從玄齡之策也。蓋房知杜之能斷大事，杜知房之善建嘉謀，禪讓草創，東里潤色，相須而成，俾無悔事，賢達用心，良有以也。若以往哲方之，房則管仲、子產，杜則鮑叔、罕虎矣。

贊曰：「肇啟聖君，必生賢輔。狩嶽二公，實開運祚。文含經緯，謀深夾輔。笙磬同音，唯房與杜。」

電子書購買

國家圖書館出版品預行編目資料

貞觀名相房玄齡：策劃玄武門之變、編撰《晉書》、諫伐高句麗……一場場智慧與武力的較量，助太宗開創不朽盛世 / 房道國著 . -- 第一版 . -- 臺北市：崧燁文化事業有限公司 , 2023.07
面；　公分
POD 版
ISBN 978-626-357-413-7(平裝)
1.CST: (唐) 房玄齡 2.CST: 丞相 3.CST: 傳記
782.8411　112007998

貞觀名相房玄齡：策劃玄武門之變、編撰《晉書》、諫伐高句麗……一場場智慧與武力的較量，助太宗開創不朽盛世

臉書

作　　　者：房道國
發 行 人：黃振庭
出 版 者：崧燁文化事業有限公司
發 行 者：崧燁文化事業有限公司
E - m a i l：sonbookservice@gmail.com
粉 絲 頁：https://www.facebook.com/sonbookss/
網　　　址：https://sonbook.net/
地　　　址：台北市中正區重慶南路一段六十一號八樓 815 室
Rm. 815, 8F., No.61, Sec. 1, Chongqing S. Rd., Zhongzheng Dist., Taipei City 100, Taiwan
電　　　話：(02) 2370-3310　　　傳　　　真：(02) 2388-1990
印　　　刷：京峯數位服務有限公司
律師顧問：廣華律師事務所 張珮琦律師

-版權聲明

定　　　價：299 元
發行日期：2023 年 07 月第一版
◎本書以 POD 印製